高等学校规划教材

大学生领导力教育与实践

杨 晓 主编

西北工业大学出版社
西安

【内容简介】 本书先详细介绍了领导力的概念、国内外高校开展领导力教育的情况,并结合教学团队开展大学生领导力教育的实践经验,对西方经典的和现代的领导力理论的内容、应用及评价进行了系统比较,再有针对性地介绍了 25 个领导技能,并就如何发展这些领导技能提出有效建议。

为了让学生能够更加深入理解领导力理论和实践领导技能,本书引入中华优秀传统文化中关于治国理政的文献和资料,结合中国特色社会主义实践取得的成就,同时选取与领导力相关的测评量表,让学生在自我测评、自我实践和自我觉悟中提升自己的领导力。

图书在版编目(CIP)数据

大学生领导力教育与实践 / 杨晓主编. — 西安:西北工业大学出版社,2020.12
 ISBN 978-7-5612-7349-4

Ⅰ.①大… Ⅱ.①杨… Ⅲ.①大学生-领导能力-能力培养-研究 Ⅳ.①G645.5

中国版本图书馆 CIP 数据核字(2021)第 000140 号

DAXUESHENG LINGDAOLI JIAOYU YU SHIJIAN
大 学 生 领 导 力 教 育 与 实 践

责任编辑:李文乾		**策划编辑**:梁 卫	
责任校对:万灵芝		**装帧设计**:李 飞	

出版发行:西北工业大学出版社
通信地址:西安市友谊西路 127 号　邮编:710072
电　　话:(029)88491757,88493844
网　　址:www.nwpup.com
印 刷 者:陕西奇彩印务有限责任公司
开　　本:787 mm×1 092 mm　　1/16
印　　张:13.5
字　　数:235 千字
版　　次:2020 年 12 月第 1 版　　2020 年 12 月第 1 次印刷
定　　价:39.00 元

如有印装问题请与出版社联系调换

序言

由于在高校组织人事部门工作时间较长,最初对领导力的关注源于对工作的思考:同一个领导岗位,为什么有的干部干得风生水起,而有的干部却业绩平平?这些干得好的干部有什么共同的优秀品质,干得不好的干部又有什么共同的缺点或者不足?组织部门应该建立怎样的培训机制从而提升干部队伍的整体素质和能力?

经过观察,我发现:干部选拔工作只是确保选出当时组织和群众认为最优秀的干部,而这名干部能否适应新岗位、能否在新岗位上做出令群众满意的成绩,关键在于组织是否有一套针对性强、成效明显的干部培训和能力提升体系,让这些当时优秀的干部能够通过培训不断提升自己的能力和素质。为此,我查阅了很多有关干部教育培训、干部能力和素质提升的文献资料,并且学习了相关经验做法,也在工作中进行实践。2011年,一个偶然的机会,我看到了一篇介绍"麻省理工学院工程领导力计划"的文章,对麻省理工学院在学生中开展领导力教育与实践有了初步了解。随着深入学习,自己对美国等西方高校开展领导力教育的理论和实践有了更深刻的理解,对西方领导力的理论、实践、技能、评价也有了比较全面的认知。经过长时间的发展,以美国为代表的西方学校在大学生甚至在中小学生中开展领导力教育与实践取得了成功,这在提升学生个人的领导力以及国民整体素质方面发挥了巨大的作用。

近几年来,在大学生中开展领导力教育得到了国内一些高校的高度重视,也取得了不少成绩。但是,在开展大学生领导力教育与实践的工作中,有一个现象令我非常担忧——"拿来主义"比较普遍。有的学校完全采用西方的领导力培训项目,由国外的领导力教育者讲授西方的领导力理论和技能,用西方的思想对国内的大学生开展领导力教育。这种做法对于开阔学生视野、了解西方领导力理论具有一定作用,但也存在不少问题。"拿来主义"最大的问题是没有考虑中西方文化差异对领导力教育的影响。比如,领导力涉及的五个关键要素——领导者、追随者、环境、沟通、共同

大学生领导力教育与实践

目标,在中西方文化中的理解是不同的,用纯粹的"拿来主义"对中国大学生开展领导力教育显然是不合适的。因此,结合中国特色,建立适合中国大学生的领导力教育体系就显得十分重要。另外,领导力的教育与实践是一个系统工程,其中有大量涉及价值观、人生观方面的内容,如果过分依赖西方领导力教育体系,将会给我国的人才培养带来一系列问题。

在中华文明的历史长河中,无不闪烁着具有中国特色的、充满魅力的领导力思想。就拿《周易》来说,它被誉为群经之首,是诸子百家共同尊奉的经典,是中国传统思想文化中自然哲学与人文实践的理论根源。《周易》中的六十四卦、三百八十四爻,描述了64种天地、人生的场景和384种细部特征,并分析了它们之间的相互关系及其运动、变化、发展规律。将其应用到领导力理论中,就是要求领导者要根据不同的环境,采取不同的领导方式,这与西方权变理论的原理类似。同时,我们也要认识到,由于年代久远,大部分大学生在学习和理解中华优秀传统文化方面存在一定困难,而西方领导力教育体系比较完善和易于操作,与之相关的理论、技能、评价等知识相对容易理解。

在对西北工业大学的本科生和工程博士生开设领导力课程教学后,我更加深切地体会到建立适合中国学生特点的领导力教育和实践体系的重要性,其中一个重要任务就是教材的编写。基于以上考虑,我们教学团队尝试编写一本适合中国大学生的教材,旨在为国内高校开展领导力教育与实践、为中国大学生学习领导力理论知识提供有针对性的帮助。

本教材具有以下几个鲜明的特点:一是详细介绍西方经典的和现代的领导力理论,让学生能够系统、全面地掌握这些理论;二是引入中华优秀传统文化中关于领导力的文献并予以注释,让学生能够运用国学中的领导力思想来理解西方的领导力理论;三是选取了与领导力相关的评价量表,让学生在自我测评、自我实践和自我觉悟中提升自己的领导力。

当然,教材也存在某些不足:首先,还没有完全建立中国特色的领导力教育与实践体系,毕竟全面、系统梳理中华优秀传统文化中的领导力思想和中国特色社会主义建设中的领导力实践是一个长期过程;其次,针对中国大学生开展的领导力评价数据比较欠缺,这方面也是教学团队接下来开展研究的主要内容。

我们教学团队将继续努力建立一套中国领导力思想和西方领导力理论相结合的教育与实践体系,为培养德智体美劳全面发展的社会主义建设者和接班人、能够担当民族复兴大任的时代新人作出贡献。

2020 年 10 月
于西北工业大学

第一章 领导力概论
An Introduction to Leadership ······ 1
- 第一节 领导力的起源与发展 ······ 1
- 第二节 领导力的定义 ······ 9
- 第三节 国内外高校开展大学生领导力教育与实践的现状 ······ 23

第二章 特质理论
Trait Theory ······ 40
- 第一节 特质理论的主要内容 ······ 41
- 第二节 特质理论的优缺点 ······ 44
- 第三节 特质理论的应用 ······ 46
- 第四节 领导特质的评价 ······ 47
- 第五节 特质理论在中华优秀传统文化中的体现 ······ 54

第三章 领导行为理论
Behavioral Theory ······ 58
- 第一节 领导行为理论的主要内容 ······ 58
- 第二节 领导行为理论的优缺点 ······ 65
- 第三节 领导行为理论的应用 ······ 66
- 第四节 领导行为的评价 ······ 67
- 第五节 领导行为理论在中华优秀传统文化中的体现 ······ 69

第四章 权变理论
Contingency Theory ······ 72
- 第一节 权变理论的主要内容 ······ 72

第二节　权变理论的优缺点 …………………………………… 78
　第三节　权变理论的应用 ……………………………………… 79
　第四节　领导权变的评价 ……………………………………… 80
　第五节　权变理论在中华优秀传统文化中的体现 …………… 81

第五章　领导-成员交换理论与仆人式领导
　　　　Leader-Member Exchange Theory & Servant Leader …… 85
　第一节　两个理论的主要内容 ………………………………… 85
　第二节　两个理论的优缺点 …………………………………… 88
　第三节　两个理论的应用 ……………………………………… 90
　第四节　领导-成员交换的评价 ………………………………… 92
　第五节　两个理论在中华优秀传统文化中的体现 …………… 94

第六章　变革型领导及交易型领导理论
　　　　Transformational Leadership Theory & Transactional Leadership Theory …… 96
　第一节　变革型领导和交易型领导理论的模型 ……………… 96
　第二节　变革型领导理论的优缺点 …………………………… 100
　第三节　变革型领导理论的应用 ……………………………… 102
　第四节　领导变革的评价 ……………………………………… 105
　第五节　变革型领导理论在中华优秀传统文化中的体现 …… 106

第七章　其他领导力理论
　　　　Other Leadership Theories …………………………………… 111
　第一节　参与型领导力理论 …………………………………… 111
　第二节　伦理/道德领导力理论 ………………………………… 114
　第三节　诚信领导力理论 ……………………………………… 116
　第四节　跨文化领导力理论 …………………………………… 120

第八章　领导技能
　　　　Leadership Skills ……………………………………………… 122
　第一节　领导技能概述 ………………………………………… 122
　第二节　25 种领导技能 ………………………………………… 125

参考文献 ……………………………………………………………… 205

后记 …………………………………………………………………… 209

第一章 领导力概论
An Introduction to Leadership

第一节 领导力的起源与发展

相对于领导力概念的提出和领导力理论发展的历史,领导力研究者柯克帕特里克(Kirkpatrick)和洛克(Locke)在1991年提出了关于领导力的问题,准确地说明了人们对领导力非常关注的原因。这个问题是这样的:

领导者不同于其他人,这一点是明确无疑的。

那么,

他们有什么特别的性格特征?

我们能拥有这些性格特征吗?

我们怎样才能培养或者开发这些性格特征?

正是这个问题不断推动着广大学者对领导力展开研究。到了今天,领导力理论已经成为专家学者非常重视的一个跨学科领域的研究方向,领导力的教育和实践也成为教育工作者非常重视的一项工作。

一、古代溯源

纵观中西方文明的发展历史,我们可以发现在中西方古代文化中就蕴涵着领导力的思想。

"先天下之忧而忧,后天下之乐而乐"的政治抱负,"位卑未敢忘忧国""苟利国家生死以,岂因祸福避趋之"的报国情怀,"富贵不能淫,贫贱不能移,威武不能屈"的浩然正气,"人生自古谁无死,留取丹心照汗青""鞠躬尽瘁,死而后已"的献身精神等,都体现着我国古代先贤治国理政的思想。中华优秀传统文化中的一些经典名著也蕴涵着博大精深的领导力思想,《周易》中的"天行健,君子以自强不息;地势坤,君子以厚德载物",指出领导者的行为要顺应自然变化和事物的发展规律,是典型的权变领导力思想。《孙子兵法》是世界上最早的军事著作,亦有西方文献称其为"领导力,特别是关于军事领导力的第一部著作"。《群书治要》由唐朝初期著名谏官魏征及虞世南、褚遂良等辑录前人著述形成,将六经、四史、诸子百家中有关国家治理的论述进行总结,计六十五部约五十余万字,是一部"用之当今,足以鉴览前古;传之来叶,可以贻厥孙谋"的经典之作。

在西方历史文化中,领导力思想在2400多年前的古希腊、古罗马时代就有所体现,主要以德谟克利特、苏格拉底、柏拉图、亚里士多德等启蒙主义思想家为代表,他们注重领导者个体品质与能力的分析。古罗马著名将军色诺芬(公元前400年左右)曾经说过:"领导人无论倡导什么,只要表明他自己最擅长履行,就很少会遭到手下人的蔑视。"这句话指出领导者要率先垂范,因为行动的感召力和影响力要远强于语言。

二、领导力理论发展

(一)西方领导力理论发展

真正意义上的领导力的概念和理论是西方学者于19世纪提出的。当时,工业时代的来临带来了很多管理方面的问题和挑战,其中如何对人产生积极影响从而提高生产力成为一项重要课题,这也是西方学者较早开展领导力研究的主要原因。在这种背景下,一批领导力理论相继诞生,形成了西方领导力的理论体系,产生了伟人领导力理论、特质领导力理论、行为领导力理论、权变领导力理论等。本章先简单介绍各领导力理论产生的背景及主要观点,让同学们有一个初步的概念。

1. 特质领导力理论

特质领导力理论的核心观点是,具备一些优秀特质的人才能成为领导者。特质领导力理论非常直观,容易被人接受。特质领导力理论的研究从1900年开始,在20世纪40～50年代得到快速发展,研究者重点研究了历史上的伟大领导者具备的性格特点,并对这些性格特点进行归纳分析,希望得到领导者应该具备的统一的特质。如心理学家斯托格迪尔(R. M. Stogdill)在1948年提出领导者应具备智慧、机敏、洞察力等8项特质,1974年又进一步提出领导者应该具备内驱力、团队合作能力、受挫能力等10项特质。

2. 权变领导力理论

权变领导力理论的主要观点是领导者的领导方式要和所处的环境相匹配。如果领导者的领导方式与环境相匹配，那么这种领导方式是有效的，否则就是无效的。权变领导力理论其实是在特质领导力理论和行为领导力理论的基础上形成的，在研究领导特质和领导行为的过程中，研究者发现环境的变化也是领导力理论研究的主要因素之一。权变领导力理论中，最具有代表性的是美国当代著名心理学和管理学专家弗雷德·菲德勒（Fred E. Fiedler）提出的领导有效性权变模型。该模型表明有效的领导关键取决于领导风格和组织情境（领导者与追随者关系、任务结构以及职位权力三要素）的匹配程度。为了衡量领导者的领导风格，菲德勒还开发了最难共事者量表（Least Preferred Coworker Scale，LPC），从而得出在不同的领导者与追随者关系、任务结构以及职位权力下，不同LPC度量的领导方式的有效程度。

3. 变革领导力理论

变革领导力理论主要是改变人的理论。该理论强调领导者通过其魅力、感召力、智力激发和个性化关怀，不断对追随者产生积极影响，使追随者的信念、价值观、态度等发生正向改变，将集体利益置于个人利益之上，最终提高组织应对各种挑战和把握机遇的能力。变革领导力理论是一个领导者向追随者灌输思想，并激励追随者的过程。变革领导力理论的研究从20世纪80年代开始兴起，众多学者对该理论进行了研究，使得整个领导学界产生了一次大的革命，成为学界和企业界共同关注的焦点。直到现在，变革领导力理论的研究和实践仍然是领导学研究的重点。

在1840年伟人理论提出之后，西方学者对领导力理论的研究逐步深入。表1-1列出了西方部分领导力理论的主要内容。

表1-1 西方部分领导力理论及其主要内容

领导力理论	研究开始时间	主要内容
伟人理论	19世纪40年代	基于达尔文演化论，领导者是天生的，不是后天养成的，且其能力与影响力是天赋的
特质理论	20世纪40年代	领导者具有不同于追随者的特质，具有领导特质的人才能成为领导者

续表

领导力理论	研究开始时间	主要内容
行为理论	20世纪50年代	领导者要能够采用最佳的领导行为,该行为值得人们学习
权变理论	20世纪60年代	领导者应在组织不同的情境下采取正确的领导行为
领导-成员交换理论	20世纪70年代	领导者与追随者之间的关系会对追随者的行为和态度产生影响
交易理论	20世纪70年代	强调领导者通过满足追随者的需求来引导或激励追随者完成任务,重视绩效在领导过程中的作用
变革理论	20世纪80年代	强调领导者通过其魅力、感召力、智力激发和个性化关怀,不断对追随者产生积极刺激,使追随者的信念、价值观、态度等发生正向改变,甚至将集体利益置于个人利益之上,最终提高组织应对各种挑战和把握机遇的能力

纵观西方领导力理论的发展历程,可以看出,基于不同时代领导力的认识和解决实际问题的需要,西方领导力发展呈现出不同理论、流派交替发展的状态。每种流派都具有各自的特点、主张和立场,在这些流派之间,既存在对立,又有一定的互补,正是这种对立和互补有效推动了西方领导学的进一步发展。近几年,随着全球化的到来,西方学者对诚信领导力、伦理领导力、跨文化领导力比较关注,对此展开的研究呈现上升的趋势。上述这些方面在我国古代经典著作中早已涉及。

(二)中国领导力理论发展

与西方领导力理论研究最大的不同就在于中国领导力理论的研究更加关注组织领导力。从西方领导力理论的简单介绍中,我们可以看出,无论是特质领导力理论、权变领导力理论,还是变革领导力理论,都是围绕领导者这个中心展开研究的。而中国领导力理论最大的特点和优势就是中国共产党的领导力,其中最具成效的是中国共产党的政治领导力、思想引领力、群众组织力和社会号召力。近年来,随着对西方领导力理论认识的不断深入,中国学者在组织和个人领导力方面也进行了深入的研究。

1. 中国共产党的组织领导力

中国共产党的领导力得到世界公认。近百年来，为了实现国家富强、人民幸福、民族振兴，中国共产党带领中国人民历经千难万险，付出巨大牺牲，赢得了新民主主义革命胜利，开展了社会主义革命和社会主义建设，进行了改革开放和社会主义现代化建设，迎来了中华民族伟大复兴的光明前景。如今，我国已成为世界第二大经济体、第一大工业国、第一大货物贸易国、第一大外汇储备国，科技、教育、文化等各项事业蓬勃发展。这些成绩的取得，都离不开中国共产党的坚强领导。中国共产党领导力的最大体现就是团结和带领全国各族人民开辟了中国特色社会主义道路，形成了中国特色社会主义理论体系，确立了中国特色社会主义制度，发展了中国特色社会主义文化。

中国共产党非常重视组织领导力的建设。中国共产党第十八届中央委员会第三次全体会议指出，全面深化改革的总目标是完善和发展中国特色社会主义制度，推进国家治理体系和治理能力现代化。习近平总书记在党的十九大报告中指出，"实现伟大梦想，必须建设伟大工程"。建设伟大工程需要不断增强党的政治领导力、思想引领力、群众组织力、社会号召力，确保我们党永葆旺盛生命力和强大战斗力，始终走在时代前列。

2. 建设高素质专业化干部队伍

中国共产党特别重视干部领导能力建设，新时代对领导干部队伍专业化建设也有新要求，习近平总书记在党的十九大报告中强调，要"注重培养专业能力、专业精神，增强干部队伍适应新时代中国特色社会主义发展的能力"，还指出"我们党既要政治过硬，也要本领高强"，要增强学习本领、政治领导本领、改革创新本领、科学发展本领、依法执政本领、群众工作本领、狠抓落实本领和驾驭风险本领等八大本领。

从一代又一代党和国家领导人治国理政中，我们可以领悟到许多重要的领导力思想。毛泽东思想、邓小平理论、"三个代表"重要思想、科学发展观和习近平新时代中国特色社会主义思想都蕴涵着博大精深的领导力思想。在这里，特别向大家推荐《之江新语》这本书。这本书收录了习近平同志在浙江担任省委书记期间，从2003年2月至2007年3月在《浙江日报》的《之江新语》专栏发表的232篇短论。这些短论鲜明地提出了推进浙江经济、社会科学发展的正确主张,及时回答了现实生活中人民群众最关心的一些问题,集中展现了习近平同志在省域层面对中国特色社会主义的理论创新和实践探索成果,深刻反映了习近平新时代中国特色社会主义思想在浙江的萌发脉络。其中于2004年1月13日发表的《要讲究领导艺术》,原文如下:

一个高明的领导,讲究领导艺术,知关节,得要领,把握规律,掌握节奏,举重若轻。

在日常工作中,有三类干部:第一类,眼光敏锐,见微知著,"为之于未有,治之于未乱",防患于未然,化解于无形,开展工作有板有眼,纵横捭阖,张弛有度,"谈笑间,樯橹灰飞烟灭",这是领导艺术的最高境界。第二类,工作勤勤恳恳、忙忙碌碌、夜以继日,天天加班加点,虽然工作的预见性、敏感性不足,但问题暴露后,尚能及时采取措施,妥善加以解决。虽不能举重若轻而显得举轻若重,但"勤能补拙",仍不失为勤政的干部。第三类,见事迟,反应慢,发现不了问题,出了问题后,或手足无措,或麻木不仁。我们每一个领导干部,都要努力学习,加强实践,不断提高领导水平,力求最高境界,力戒第三种情况。

3. 国内学者对领导力理论的研究

就个体领导力而言,我国学者早期的研究对象往往是针对具有一定职位的领导者的领导力,也就是通常所理解的在一定组织系统中,处于领导职位且拥有法定"职权"的人的领导力。如俞文钊在对上海市企业中层领导者品质因素进行调查研究的基础上,提出中层领导者需要具备用人授权能力、决策能力、社会活动能力等8种能力。到了20世纪90年代后期至21世纪初,中国学者对领导力的关注和研究发生了一个较为显著的变化,打破了领导力的"领导者"属性,即打破了领导力属于担任一定领导职务的领导者的"权力"属性,在关注领导力的同时也开始关注影响力,实现了领导力研究对象的"平民化"转向。目前,我国领导力理论研究主要结合中国伟大历史变革和西方领导力理论,以马克思主义科学理论为指导,形成了现有的中国特色社会主义领导学理论。如徐联仓根据中国的具体情况编制了"领导能力自我评估量表",提出领导者应具有的13种能力;李超平、时勘编制了符合中国国情的变革型领导问卷,分析出了变革型领导由德行垂范、领导魅力、愿景激励、个性化关怀四个维度构成;中国科学院(以下简称"中科院")科技领导力研究中心提出了领导力的五力模型，认为领导者的领导力包括前瞻力、感召力、影响力、决断力和控制力。随着国内学者对领导力研究的深入，结合我国实际的具有中国特色的领导力理论、技能及评价体系正在形成。

三、中西方领导力理论研究的对比

对比中西方领导力思想和理论发展的历史，以美国、欧洲等国为代表的国家和地区在领导力的理论研究、教育和实践方面水平较高，形成了比较完善的领导力理论、技能和评价体系。美国的大学比较普遍地开展了针对大学生的领导力教育，并且有的小学也开展了领导力的启蒙教育，按照领导力行为要求引导学生树立良好的学习和生活习惯。相比于美国，我国的领导力研究则起步较晚，但是中国特色社会主义建设的伟大实践和中华优秀传统文化给我们的领导力研究提供了丰富的资源和实践基础，结合中国实际开展本土化领导力理论、教育和实践的研究潜力巨大。对比中西方领导力理论研究情况，可以看出一些不同和趋同的方面。

1. 西方理论研究比较完善，中国理论研究发展较快

西方工业革命极大地促进了领导力理论的研究。目前，以美国为代表的西方国家在领导力的理论研究、实践运用和考核评价方面建立了一套比较完善的体系，特别是在量化评价方面做得比较好。我国早期领导力研究往往是对西方领导力理论的翻译、述评、比较研究等。现在，越来越多的学者认为，中国领导力理论的研究要立足于中国大地，推动理论研究的本土化发展，中国领导力理论的研究进入了快速发展阶段。

2. 西方的研究对象偏重个人，中国的研究对象偏重组织

在研究对象、研究方法和成果运用方面，西方领导力研究侧重于针对领导者的个体研究，重点解决经济、管理领域实际存在的突出问题，从而实现企业的快速发展。我国领导力研究则侧重于组织领导力及领导干部培训体系的构建，研究对象主要是领导干部，重点研究领导干部在实践活动中遇到的问题，研究的主要目的是如何评价和提升领导干部的素质与能力。

3. 领导力研究的文化环境差异得到共同认可

近年来，越来越多的中西方学者共同认识到文化环境对领导力理论研究非常重要，西方的领导力理论研究产生于西方的文化环境，在中国等东方文

化环境下不一定有效。有的学者指出,西方领导力理论缺乏情境化。随着全球化进程的加快,跨文化领导力成为广大理论研究者比较关注的问题。荷兰学者吉特·霍夫斯坦特(G. Hofstede)通过长时间、大规模的调查研究,提出了权力距离、不确定性规避、个人主义与集体主义、男性主义和女性主义等四个描述文化差异的指标,他认为这些指标的差异对领导者的领导方式会产生极大影响。

4. 领导力中的道德属性得到普遍重视

近几年,西方学者对诚信领导力、伦理领导力等道德方面的研究越来越多,如著名领导学专家安东纳基斯(Antonakis)指出,"真实可信且有效的领导力,其必要条件是能够培养出追求崇高目标、斗志昂扬的追随者,并且能够通过合乎道德的手段取得合乎道德的结果。"中华优秀传统文化中的"道德"是中国古代哲学思想的核心要义,当前选拔任用干部的原则之一就是坚持德才兼备、以德为先。西方领导力研究对领导者道德属性的高度关注与中国领导力研究所强调的在某种程度上有趋同的趋势,领导者的道德品质引起研究者的重视。

通过以上对比,笔者认为,一是对中国的领导力理论研究要有信心。纵观中西方文明历史,中西方都有着丰富的领导力实践经验,但从领导力思想上讲,中华文明蕴含着博大精深的领导力哲学思想,从西方现代领导力理论中我们都可以找到"似曾相识"的感觉,而这种感觉便来自中华优秀传统文化。二是中国的领导力理论研究必须走本土化发展道路。要从中华优秀传统文化中汲取智慧来修炼领导力,注重中西结合。特别要避免"拿来主义"。基于以上情况,本书注重西方领导力理论与中华优秀传统文化的结合,强调领导力的研究和实践,让读者在深入了解西方领导力理论的同时,积极推动"本土化"进程,充分汲取我国优秀传统文化中的领导力智慧。三是要从中国特色社会主义建设的伟大实践中加强领导力理论的研究。现阶段,要加强对习近平新时代中国特色社会主义思想的学习和理论阐释,加强对习近平总书记治国理政新理念新思想新战略中体现的领导力理论进行研究,从中国特色社会主义伟大实践和取得的巨大成就方面开展领导力实践研究,构建具有中国特色的领导力理论体系,将领导力教育和实践与大学生思想政治教育紧密结合,与培养担当民族复兴大任的时代新人紧密结合,培养德智体美劳全面发展的社会主义建设者和接班人。

第二节　领导力的定义

经过100多年的研究,领导力的理论、方法、技能、评价等方面不断发展,体系也不断完善,但是"领导力"却没有一个统一认可的定义。正如美国著名领导学大师詹姆斯·麦格雷戈·伯恩斯(James MacGregor Burns)所说,领导力是地球上看到最多、但是认知最少的现象之一。

领导力到底是什么? 是特质,是能力,是技能,是行为,是关系,还是影响力? 不同国家的专家学者针对自己的研究对象,对领导力给出了不同的定义。2016年,王净萍发表的《大学生领导力教育的内涵及必要性探析》对领导力的定义进行了系统梳理,发现20世纪的研究成果中对领导力的定义和解释超过了350个。难怪美国俄亥俄州立大学教授斯托格迪尔认为:有多少人试图定义领导力,领导力就有多少种定义。

一、国内外领导力定义

根据有关文献的汇总研究,笔者给出了具有代表性的部分西方学者和中国学者关于领导力的定义(见表1-2,表1-3)。

表1-2　部分西方学者关于领导力的定义

学　者	定　义
斯托格迪尔 (R. M. Stogdill)	社会情境中人与人之间存在的一种关系
詹姆斯·麦格雷戈·伯恩斯 (James MacGregor Burns)	领导者诱导追随者为了某些特定的目标而行动
詹姆斯·库泽斯 (James Kouzes)	动员别人想要为共享的理想而奋斗的艺术
约瑟夫·罗斯特 (Joseph Rost)	一种领导者与追随者间的互相影响的关系,领导者和追随者有意于对现实的改变来体现其共同目的
海克曼和约翰逊 (Hackman & Johnson)	领导力是一个沟通过程,领导者在这个过程中修正他人的态度和行为,从而满足群体的目标和需要

续表

学　者	定　义
约翰·麦克斯韦尔 (John Maxwell)	领导力就是影响力
苏珊·R.考米维斯 (Susan R. Komives)	领导力是人们共同致力于完成积极变化的一个关系过程和道德过程
彼得·G.诺斯豪斯 (Peter G. Northouse)	领导力是一个个体影响一个群体完成共同目标的过程
凯文·克鲁斯 (Kevin Kruse)	领导力是可以让大家为了完成目标而付出最大努力的一种社会影响过程

表1-3　部分中国学者关于领导力的定义

学　者	定　义
徐匡迪	领导力是领导者个人综合素质和能力的综合体现，即激励他人尽心尽力地在组织中做出贡献，不断影响并推动组织成员努力取得成功
中科院科技领导力研究中心	领导力是多种领导能力共同作用的结果，领导者凭借个人的能力，激发团队潜能，进而创造组织绩效的能力系统
奚洁人	领导力是一种影响力，尤其是引导人们朝着正确方向前进的能力，或是影响人们为实现某种目标的能力
陶思亮	领导力是过程、行为，而非职位，领导力是一种影响力，引领变革的能力
陆园园	领导力是领导者在特定的情境中吸引和影响被领导者与利益相关者并持续实现群体或组织目标的能力。领导力是获得追随者的能力，是吸引和影响追随者的能力
翁文艳	现代领导力不是我国传统上认为的权力和统治，而是领导者引导追随者依照其价值观和动机去行动的过程

在众多的领导力定义中，笔者认为我国奚洁人教授和美国领导力学者彼得·G.诺斯豪斯给出的定义具有一定的代表性，他们都认为领导力是一种影响人们正向的、努力实现目标的能力，强调影响力的作用。

奚洁人教授在其主编的《中国领导学研究 20 年》（华东师范大学出版社，2007）中，将领导力的定义归结为七种，其中，"影响力说""激励说""应对说"分别从影响力、激励他人的能力以及应对变化的能力等角度界定了领导力的内涵；"两层面说"从个人和组织层面界定了领导力的内涵；"合力说""力系说""函数说"认为领导力不是一个单一维度的概念，而是由一系列要素集合而成的一个多维度概念，是一些具体的能力素质或要素的集合。

美国学者彼得·G.诺斯豪斯给出的定义是：领导力是一个个体影响一个群体完成共同目标的过程。在这个定义中，有四个关键要素，分别是过程、影响、群体和目标。

综上所述，领导力是一个复杂的概念，目前领导力研究领域的学者唯一达成的共识是：领导力无法有唯一的定义。不同时代对领导力内涵的认知也不相同，不同文化背景下领导力的实践也会有不同的形式和体现，要想形成一个普遍认可的"统一"的领导力定义几乎不可能。

虽然领导力没有统一的定义，但是通过对比分析中外学者对领导力的定义，我们可以发现有关领导力的定义中普遍包含以下 4 个主要要素。

（一）领导力包含影响力

在领导力中，影响力是必要条件，没有影响力，领导力亦不存在。领导力中的影响力既包括领导者如何影响追随者，也包括追随者如何影响领导者。不管你是组织任命的还是以选举等方式产生的领导者，都要认识到影响力是领导力的基础和必要条件。一个英明的领导者应该是更多地应用影响力，而不是上级或者组织赋予的权力，利用自己的影响力带领追随者完成共同的任务。《道德经》里有句话："功成事遂，百姓皆谓我自然。"讲的就是领导者要在潜移默化的影响中体现领导力，让老百姓按照自然规律办事，事情完成了，老百姓觉得本来就应该是这样的。西方学者很认可这句话，在一份列出了关于领导力的 100 个谚语的材料中，这句话排在第一位，是这样翻译的：

> A leader is best when people barely know he exists, when his work is done, his aim fulfilled, they will say: we did it ourselves.
> ——Lao Tzu.

从领导力的形成过程看，领导力包括被委任的领导力和自然发生的领导力。被委任的领导力是指领导者被任命为一个组织的负责人时具备的权力、职责等方面的领导力；自然发生的领导力是指个体虽然没有被委任为组织的领导者，但是他(她)的影响力让组织中其他成员追随他(她)。图1-1说明了自然发生的领导力的形成过程。从图中可以看出,多人形成一个群体时,刚开始每个人都有影响力和自己的目标方向,随着时间的推移和实践活动的开展,每个人的影响力都在影响着周围人,同时每个人又受到周围人影响力的影响,其中一个人可能因为其制定的目标合理、个人魅力较高等因素得到了其他人的认同,使得其他人跟随他向着其指定的目标前进,最终这种影响扩散到整个组织,进而组织中所有人都向着该目标前进。

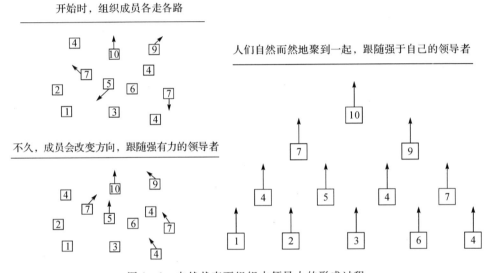

图1-1 自然状态下组织中领导力的形成过程

影响力是领导力发生的必要条件。美国著名的领导力和人际关系大师约翰·麦克斯韦尔(John C. Maxwell)在其著作《领导力21法则》中指出:真正的影响力是无法被委任的,必须靠自己去赢得。头衔能够带来的唯一东西就是一点点时间,你可以利用这段时间去提升自己的影响力,但也可能在这段时间内让原有的影响力消失殆尽。

(二)领导力是一个过程

领导力是领导者和追随者互相影响的过程(见图1-2)。这个结论非常重要,说明领导力不是领导者具备的特质,也不是单向的,而是一个相互作用的过程,即领导者会影响追随者,同时也会被追随者影响。针对不同的追随者和任务等情况,领导者的领导方式要根据情境的变化而改变。

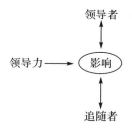

图 1-2 领导力过程示意图

(三)领导力产生于群体中

群体是领导力发生的环境,也就是说,当领导者至少有一个追随者的时候,领导力才会产生并体现出来。领导者领导的群体可以是小的团队,也可以是大型组织,可以是结构严密的组织,也可以是松散的组织。

(四)领导力强调要有共同目标

这种目标既可以是一个小的任务,也可以是一个大的愿景,但前提是领导者和追随者都认可、共同追求并努力完成这个目标。目标强调共同性,团队的目标是大家共同追求的目标,不是领导者或者少数人的目标,这就要求领导者不能采用强制或不道德手段把大家不认可的目标作为团队的目标。

二、领导力五要素

领导力的发生是一个复杂的过程,在研究领导力时需要关注的要素很多。越来越多的研究者认为,在领导力研究、教育和实践中要重点关注领导者、追随者、沟通、环境和共同目标这五个要素,而这五个要素共同影响领导力的水平(见图1-3)。可用如下表达式:

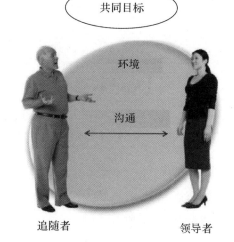

图 1-3 领导力五要素

$$F(领导力)=f(领导者,追随者,沟通,环境,共同目标)$$

(一)领导者

作为一个组织的领导者,首先要认识到领导不是权力,而是责任。这种高度的责任感会让追随者觉得跟随你是安全的、是值得信赖的。如果追随者失去了对领导者的信任,那么追随者做事就可能毫无激情,甚至碌碌无为。说的更大一些,这种责任在领导者身上就是忧国忧民的体现。我国宋代杰出的思想家、政治家、文学家范仲淹在《岳阳楼记》中有一段非常形象的描述:不以物喜,不以己悲;居庙堂之高则忧其民,处江湖之远则忧其君。是进亦忧,退亦忧。然则何时而乐耶?其必曰"先天下之忧而忧,后天下之乐而乐"乎!其次要非常清楚组织的愿景,这点在后面章节将详细介绍。最后,要做到客观、准确地评估自己的领导效能。要特别注意自己领导方式的有效性,在不同的环境下,针对不同的任务和追随者的具体情况,要采取不同的领导方式,因为领导者的领导方式对组织的氛围和绩效有着直接的影响。

根据行为领导力理论,领导者的领导方式按照任务和关系两个维度来划分,可分为委托型、指令型、激励型和教练型等四种领导方式(见图 1-4)。

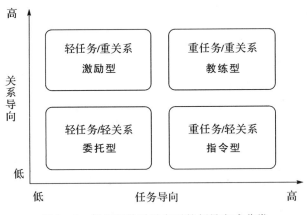

图 1-4 任务和关系导向下的领导方式分类

(二)追随者

正如伯恩斯所阐述的,"领导者和领导力都是其追随者赋予的",有了追随者的跟随才有了领导者。作为领导者必须充分了解追随者的需求状况,准确掌握追随者的素质和能力情况,针对不同的追随者采用不同的领导方式。

按照业务能力和成就动机两个维度进行划分,追随者可以分为4种类型,如图1-5所示。对于业务能力强、成就动机高的追随者,要采取委托型领导方式,给予其充分的授权;对于业务能力强、成就动机低的追随者,要采取激励型领导方式,调动追随者工作的积极性;对于业务能力弱、成就动机高的追随者,要采取指令型领导方式,在工作内容、方法、标准等方面都要有明确的指令;对于业务能力弱、成就动机低的追随者,领导者就要辛苦一些,采用教练型领导方式,不但要做追随者的思想工作,调动其工作积极性,还要帮助追随者提升业务能力和素质。领导者要运用不同的领导方式用好追随者,让每个追随者都能最大限度地发挥自己的作用。做到人尽其才、事尽其成、人事相宜,这是领导者的重要技能。

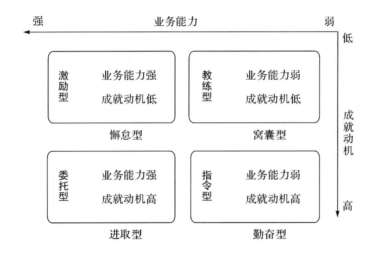

图1-5　针对不同的追随者类型采用的领导方式

现实工作中,人力资源技能是领导者应该具备的基本技能。人力资源技能的主要目标就是达到人尽其才,事尽其成,人事相宜。假设有三位追随者甲、乙、丙,同时有三项需要完成的工作A、B、C,如何做到人事相宜呢?

表1-4从人尽其才的角度进行安排,人员甲和丙都承担C项工作才能发挥他们的能力,这显然不合实际。

表 1-4　人尽其才——从人事能力出发

人员	得分		
	工作 A	工作 B	工作 C
甲	80	75	95
乙	70	60	40
丙	15	30	50

表 1-5 从事尽其成的角度进行安排，A、B、C 三项工作，人员甲都会做得很好，但这不现实。

表 1-5　事尽其成——从工作需要出发

人员	得分		
	工作 A	工作 B	工作 C
甲	80	75	95
乙	70	60	40
丙	15	30	50

表 1-6 从人事相宜的角度进行安排，首先要确定 A、B、C 三项工作需要的素质和能力，给出一个完成 A、B、C 三项工作的资格分，然后结合资格分以及甲、乙、丙三人的素质和能力得分进行任务分配，这个方案最优。

表 1-6　人事相宜——从团队效率出发

人员	得分		
	工作 A	工作 B	工作 C
甲	80	75	95
乙	70	60	40
丙	15	30	50

要求：工作 A>75，工作 B>50，工作 C>40。

(三)沟通

在领导力的定义中，领导者和追随者之间的沟通是一个非常重要的要素，领导者和追随者相互沟通的过程也是领导力发生的主要过程。需要强调的是，领导者与追随者之间的沟通是双向的，领导者通过双向沟道全面准确掌握追随者的工作、思想等情况，追随者也要通过沟通准确了解领导者的意图、想法和要求。

作为领导者,一定要认识到不管是自己还是追随者都有很多未知的领域需要通过双向沟通来开发。通过双向沟通不但可以互相取长补短,还可以开发自己和追随者的未知区,从而让双方都能更加准确、客观地认识自己。

乔哈里视窗(Johari Window)是一种关于沟通的技巧和理论,也被称为"自我意识的发现-反馈模型",在中国管理学实务中通常称之为沟通视窗(见图1-6)。这个理论最初是由美国心理学家乔瑟夫(Joseph)和哈里(Harry)在20世纪50年代提出的,它将人际沟通比作一个窗子,分为4个区域:公开区、隐藏区、盲区、未知区。沟通的主要目的就是通过两人之间的陈述、倾听和交换意见使得人与人之间的沟通更加充分,更加深入。

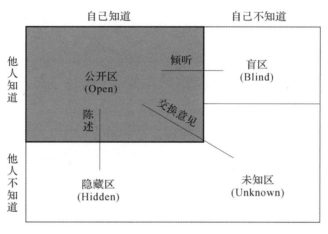

图1-6 乔哈里视窗

关于沟通,有几个重点需要把握:一是要高度认识沟通的重要意义。沟通的过程既是领导力发生的主要过程,也是领导者和追随者相互学习、统一思想认识的过程。当职位越高时,领导者与追随者的沟通交流更加必要。二是要注意沟通的技能。沟通的主要目的是要"准确地了解别人和让别人准确地了解自己",不同的交流沟通方式有可能会改善或伤害领导者与追随者间的关系。领导者要针对不同的追随者采取不同的沟通方式,特别是在不同的文化背景下要采取恰当、有效的沟通方式。在具体沟通方面,领导者既要重视谈话等语言交流,也要注意表情、姿势等非语言交流;既要重视正式工作场合的交流,也要注意非正式场合的交流。三是要尽量避免"自己是领导"的习惯性假设。有效的沟通要打破组织阶层产生的障碍,建立伙伴之间的沟通方式,从而达到深度会谈的效果。四是要注意及时反馈。在沟通过程中,领导者认可的要及时给予肯定,领导者不认可或者不确定的要与追随者积极讨论,对于追随者提出的好建议要及时采纳,激励追随者为组织的发展主动建言献策,贡献智慧和力量。

(四)环境

领导者要认识到组织所处的环境一直在变化。领导者岗位的变化、社会形势的变化使领导情境发生改变,适用于某种情境的领导方式在其他情境下可能不太适用。在不同的环境中,领导者必须分析判断以采取最佳的领导行为和领导方式。我们经常可以看到,有的领导者在某个组织中表现出色,但是换了一个组织后他却无法发挥出之前的领导才能,其中最主要的原因是领导者没有找到与新环境相适应的领导方式。如英国首相丘吉尔在战争时期是最优秀的领导者,在和平时期却输掉了大选,他的领导方式更适合非常时期,而非和平时期。

(五)共同目标

共同目标可以是一项具体任务,也可以是组织愿景或者组织发展规划,本书强调的共同目标主要指组织愿景或者发展规划。给组织描绘一个追随者都认可,同时又形象具体的组织愿景是对领导者最基本的要求。有了明晰的组织愿景,每个追随者就会向着这个愿景而努力,最终实现这个愿景。

在制定组织愿景的时候,要注意四个方面:

一是这个愿景是大家共同的愿景。通过对组织发展进行SWOT分析(第八章会详细介绍),找出组织的优势和劣势、机遇和挑战,最终制定出大家都认可的组织愿景。这点非常重要。如果组织制定的愿景只是领导者自己的想法,或者不是大多数人认可的愿景,这种愿景就只是"纸上画画、墙上挂挂",最终会出现在组织愿景制定过程中因为大家的不关心而"宏观肯定",在组织愿景的执行过程中因为涉及个人或者小集团的利益而出现"微观否定"的现象。

二是愿景要能够做到视觉化呈现。这个愿景是形象和具体的,是充满激情和活力的。领导者要擅于通过一个个故事、一幅幅画面向追随者或者利益相关者描述组织的愿景,让组织的每个人都有自己的奋斗目标和行动指引,这样才能保证大家行动一致地完成目标。比如中国梦,就是国家富强、民族复兴、人民幸福,每个人都可以从中找到自己需要完成的任务。

三是在实现愿景的过程中,领导者不仅是梦想家,还要做实干家和批评家。"三家"领导认为,好的领导要集梦想家、实干家和批评家于一体(见图1-7)。其中梦想家形成并选择目标状态、创造愿景,让追随者自觉地向着目标和愿景而努力;实干家设计并实施通往目标状态的路径,做出行动,对于重点工作和改革任务,领导者要亲力亲为,和追随者一起推动工作;批评家处于观察者的位置、局外人的视角,主要任务是提高工作标准、评估工作进展、防控风险并提供反馈。"三家"领导启示我们,在实际工作中,领导者的角色是根据组织的发展随时随地发生变化的。

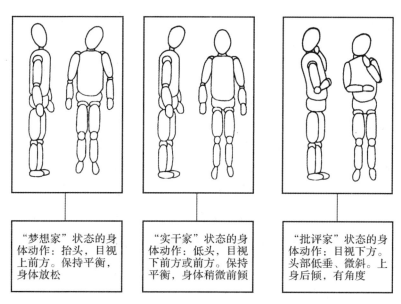

图1-7 "三家"领导示意图

四是在愿景的执行过程中要防止出现"目标侵蚀"的情况。所谓"目标侵蚀"指的是最终实现的愿景和当初制定的愿景有一定差距,目标任务没有完全实现或者实现的效果不好。"目标侵蚀"除了给组织绩效带来直接影响外,也会给领导者的领导力带来不利影响。为了防止"目标侵蚀"的发生,领导者要及时评估,不断调整策略,保证组织的愿景能够全面实现。

领导力是一个非常复杂的概念,涉及的要素也非常多,笔者认为领导者、追随者、沟通、环境和共同目标是影响领导力的关键要素。影响领导力的因素有很多,领导者职位的高低、任务的难易程度、外部环境的变化等都会对领导者的领导力有着直接的影响,领导者要根据实际情况进行分析,并采取相应的领导策略。

三、领导力评估方法

领导力评估对开展领导力理论研究、教育和实践非常重要。通过领导力评估可以验证领导理论、模型的实用性,也可以分析不同地域、不同文化背景下领导力的差异,从而建立有效的领导力教育和实践体系。同时,领导力评估是领导力理论和实践研究中最困难的一个环节,也是领导力研究者非常关注的一个问题。典型的领导力评估方法主要有以下几种。

(一)传统评估法

传统评估法主要包括关键事件法、面谈法和观察法。

关键事件法是分别选取一件领导者做得非常好或者非常差的工作,让领导者的下属、同级或上级对领导者的行为表现进行评价。

面谈法是通过对领导者进行访谈,问及一系列事先准备好的问题,根据领导者的回答来评价领导者的领导力。相对于关键事件法,面谈法中评估人员的主观态度、对领导者的岗位等综合信息的认知能力会对领导力的评估结果有较大影响。

观察法是评估者对领导者的行为表现进行考察研究,从观察领导者的领导行为来评估领导力以了解其是否具备从事某种工作的特质。相对于前面两种方法,观察法中评估人员的主观性更强。

(二)360度评估法

360度评估法是由领导者及其下属、同级、上级以及外部人员(如客户)填写的由65个问题组成的标准问卷,从而对领导者的领导行为和技能进行评估。同时,领导者针对65个问题开展自我评估。通过此评估,领导者可以看到自评和他评结果之间的差距,进而考虑是否改变自己的领导行为和领导方式。

(三)测验评估法

测验评估法是由一系列问题或者清单组成,由领导者自行回答。该评估法能使领导者了解自己的领导力,考虑自己的领导技能和领导方式,但缺点是缺乏领导者周围的人比如其同事对领导者的评价,评价的主观色彩较浓。本书后面章节有很多评价量表,用的就是测验评估法。

(四)评估中心法

评估中心法是将领导者置于预先设计好的模拟环境中,通过采访、态度测试、个性测试、情景模拟等多种方式观察、记录、评价领导者的行为,并与预设标准进行对比,进而对领导者的领导力做出比较客观的评价。

(五)爆炸性倍增法

爆炸性倍增法是美国领导力学者约翰·麦克斯韦尔(John C. Maxwell)在《领导力21法则》中提出的。笔者认为爆炸性倍增法不仅是提升领导者领导力的方法,也是评价领导者领导力的方法。该方法是通过领导者培养新的领导者,以此来评估领导者的领导力。其核心内容是领导者如果只培养追随者,最多得到相加的效应;如果培养领导者,就会获得倍增效应,所领导的组织也会获得爆炸性倍增效应(见图1-8)。

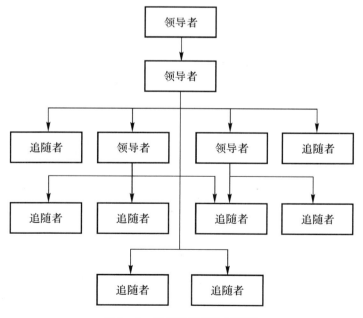

图1-8 爆炸性倍增法示意图

四、领导与管理的关系

领导和管理既有区别，又相互联系，不可分割。离开领导的管理有可能会迷失方向，在竞争中失去优势；没有管理的领导也可能存在执行不到位、影响绩效的问题。领导力专家约翰·科特(John Kotter)有一句广为流传的名言："取得成功的方法是75%~80%靠领导，其余20%~25%靠管理。"领导学之父华伦·班尼斯(Warren Bennis)的一句话比较准确地说出了领导者和管理的区别："管理者把事情做对，领导者做对的事情。"用中国传统文化来理解，领导更像中国传统文化中的"道"，而管理更像"术"。

为了加深对领导力概念的理解，表1-7和表1-8从理念、态度、行为等方面对老板与领导者、管理者与领导者进行了比较。

表1-7 老板与领导者的区别

老　板	领导者
驱使追随者	教导追随者
依靠权力	和气友善
营造畏惧	激发激情
以我为中心	以团体为中心
责备失误	设法弥补损失
让追随者知道如何做	给追随者解释为什么这么做
利用追随者	培养追随者
给予奖励	给予赞赏
命令	询问
常说"你去做"	常说"一起做"

表1-8 管理者与领导者的区别

管理者	领导者
以事情为中心	以追随者为中心
将事情做对	做对的事情
注重计划	注重激励

续表

管理者	领导者
注重组织	注重影响
注重直接	注重动机
注重管控	注重开发
注重规则	注重改变

以上两个表格详细列出了老板与领导者、管理者与领导者的区别,给出区别的主要原因是让大家更加准确地领会领导力的概念。而在实际工作中,领导与管理相辅相成,相伴相生,不可割裂,这一点大家要有清晰明确的认识。

第三节　国内外高校开展大学生领导力教育与实践的现状

一、开展大学生领导力教育与实践的重要意义

对于高校来讲,无论是中国的高校还是外国的高校,培养各行各业优秀的人才,包括国家各级组织、企事业单位、社会组织领导者在内的人才都是高校的责任和使命。之所以大学生领导力教育与实践得到中外高校的高度重视,主要原因是随着全球化和科技的快速发展,无论是国家,还是企业等都非常清醒地认识到,要在日益激烈的竞争中获得优势,人才特别是引领性高层次人才成为非常关键的因素。在这种形势下,中外高校对大学生领导力的教育与实践都非常重视。在大学生中开展领导力教育与实践的重要意义主要体现在以下几个方面。

(一)从国家层面来看,开展领导力教育与实践对提升国家竞争力非常重要

习近平总书记高度重视人才工作,早在2013年庆祝欧美同学会成立100周年大会讲话中就指出:"人才是衡量一个国家综合国力的重要指标。没有一支宏大的高素质人才队伍,全面建成小康社会的奋斗目标和中华民族伟大复兴的中国梦就难以顺利实现。"开展大学生领导力教育与实践有利于

提升国民整体素质,有利于促进大学生个人素质的全面发展,提升高校的人才培养质量和竞争力,为国家提供优秀的青年领导人才储备,为社会培育具有全球视野、服务意识、社会责任感和创新精神的新型公民。高校的大学生正处在价值观形成和能力培养的关键时期,领导潜力的激发和发展非常重要,针对大学生开展领导力的教育与实践对于培养和提高学生的开拓创新精神、团队合作能力、规则意识及社会认知能力非常重要,可以帮助学生有效掌握如何在组织中提升领导能力,如何提高个体对他人的影响力,也有利于学生在就业后更好、更快地适应工作和社会环境。

(二)从高校层面来看,开展领导力教育与实践对于培养新时代需要的人才非常重要

《国家中长期教育改革和发展规划纲要(2010—2020年)》提出,要"着力提高学生服务国家服务人民的社会责任感、勇于探索的创新精神和善于解决问题的实践能力"。中国浦东干部学院原常务副院长、中国领导科学研究会副会长奚洁人从领导学和大学使命的维度指出,培养未来社会精英是大学永恒的使命和主题,大学教育就是未来领导人才的预备教育。从全世界范围来看,越来越多的高校也把培养能够引领未来、符合时代发展需要的优秀人才作为学校的培养目标。表1-9和表1-10分别列出了国外部分知名大学和国内部分高校的人才培养目标。从表中可以看出,"领导者""引领者""引领未来的人"等关键词或者与领导者相近的关键词在国内外高校人才培养目标中出现的频次最多。

表1-9 国外部分知名大学人才培养目标

国内高校	人才培养目标
斯坦福大学	培养知识渊博、个性鲜明、富有创造力的社会引领者
耶鲁大学	立足本土,放眼国际,培养下一代世界领导者
牛津大学	领导世界的研究和教育目标
哈佛大学	为社会培养公民领袖和学科领导者
伦敦大学	积极探索引领型人才的培养模式,通过研究、教育和创新,启发学生改变理解世界和创造知识的方式,分享解决世界性难题的方法

表 1－10　国内部分高校的人才培养目标

国内高校	人才培养目标
清华大学	致力于培养肩负使命、追求卓越的人，使学生具备健全人格、宽厚基础、创新思维、全球视野和社会责任感，实现全面发展和个性发展相结合
北京大学	培养引领未来的人，即坚持立德树人，坚持教学育人、研究育人、文化育人、实践育人相结合，追求世界最高水准的教育，培养以天下为己任，具有健康体魄与健全人格、独立思考与创新精神、实践能力与全球视野的卓越人才
上海交通大学	培养具有社会责任感、创新精神、实践能力、人文情怀和国际视野的德智体美全面发展的拔尖创新人才，使学生具有成为未来学术大师、治国英才、业界领袖等精英人才的潜质和基础
浙江大学	培养德智体美全面发展、具有国际视野的高素质创新人才和未来领导者
中国科学技术大学	为国家培养具有国际视野，在科技、经济等领域起引领作用，具有创新精神和实践能力的一流科学家和研究工程师
哈尔滨工业大学	培养信念执着、品德优良、知识丰富、本领过硬，具有国际视野、引领未来发展的拔尖创新人才，形成"厚基础、强实践、严过程、求创新"的人才培养特色
北京航空航天大学	培养具有高度的国家使命感和社会责任感，理想高远、学识一流、胸怀寰宇、致真唯实的领军领导人才
北京理工大学	培养"胸怀壮志、明德精工、创新包容、时代担当"的领军领导人才
东南大学	培养具有家国情怀和国际视野、担当引领未来和造福人类的领军人才
西北工业大学	培养具有家国情怀，追求卓越、引领未来的领军人才

通过对世界一流大学人才培养目标的构成进行词频分析可以看出，在能力方面，好奇心、探索发现、独立思考、领导能力和创新创造精神等方面的词语出现较多，这也是领导力教育和培养所强调的领导技能；在人才定位方面，

领导者、公民及公民领袖、未来领袖精英、负责任公民和未来领导者等词语出现的频次较高,这也是领导力教育与实践的目标要求(见表1-11)。

表1-11 世界一流大学人才培养目标核心内涵的频次统计

知识	创造、传播、应用和分享知识(15),拓展人类知识与边界(6),接受最广泛意义的教育(2)
研究	最尖端前沿研究(5),探讨最具挑战性最基础的问题(2),独立、原创性研究(2),提升学术(2)
能力	好奇心、探索发现、独立思考、领导能力(6),创新创造精神与能力(6),终身学习能力(5),解决社会问题和做出决定能力(3)
素质	追求有意义和道德感的生活与价值观(4),责任感(4)
服务	为国家和世界服务(13),造福人类(4),提高生活质量(4),应对全球挑战(3)
人才定位	领导者(8),公民及公民领袖(5),未来领袖精英(3),负责任公民和未来领导者(2),合格专业人士(2)

注:以2016年世界大学学术排名前50名大学为样本。

(三)从学生发展来看,开展领导力教育与实践对于个人职业发展非常重要

随着网络信息技术的广泛应用和势不可挡的全球化浪潮,当今世界一方面在经济、科技、文化等方面融合发展越来越明显,另一方面存在较多不稳定性和不确定性,单边主义、恐怖主义、网络安全、重大传染性疾病、气候变化等等威胁着人类的安全、健康和发展。在这种情况下,大学毕业生面临多变和多元化的工作环境,仅仅具有专业技能已经不足以应对职场上的复杂情况,这就需要大学生具备团队建设能力、问题解决能力、全球化思考能力、变革管理能力等领导技能,这样才能在职业发展中适应时代需要、实现自我提升。可能有的学生说,自己毕业后就从事科研工作,做好自己的学术研究就可以了。其实,现在大部分科研工作已经不再是"单打独斗",越来越需要团队协作,而团队负责人更要在全球化视野、交流与合作、团队的组建管理方面有较强的领导力。2000年,全美高校和雇主协会调查发现,雇主希望大学毕业生具备的前7项技能中,有6项与领导技能有关。雇主对毕业生素质的前10项要求中,领导技能排在第4位,其他素质与领导者应具备的素质有较高的相关性(见表1-12,表1-13)。也正是由于社会对大学毕业生的素质有了明确的要求,对在校大学生进行领导力教育逐渐成为世界各高校的共识。

表1-12 美国雇主希望大学毕业生具备的前7项技能

技　能	评　分
人际交往(Interpersonal)	4.54
团队工作(Teamwork)	4.51
口头沟通(Verbal Communication)	4.51
分析(Analytical)	4.24
计算(Computer)	4.12
书面沟通(Written Communication)	4.11
领导(Leadership)	3.94

注:雇主对所需技能进行5分制评分,1分=根本不重要,5分=很重要。

表1-13 美国雇主希望大学毕业生具备的前10项素质

排　序	个体素质
1	沟通技能(Communication Skill)
2	内驱力/主动性(Motivation/Initiative)
3	团队工作技能(Teamwork Skill)
4	领导技能(Leadership Skill)
5	学术成就/GPA(Academic Achievement/GPA)
6	人际交往技能(Interpersonal Skill)
7	灵活性/适应(Flexibility/Adaptability)
8	技术技能(Technical Skill)
9	诚实/正直(Honesty/Integrity)
10	工作伦理(Work Ethic)
10*	分析/问题解决技能(Analytical/Problem-solving Skill)

注:*表示两项素质要求的重要性并列。

总的说来,开展大学生领导力教育对于提升国家人才竞争力、高校培养时代新人和大学生的职业发展都非常重要。但是,在高校开展大学生领导力教育与实践比较困难,一方面大学生领导力教育与实践所涉及的内容非常广泛,从教育学、管理学到政治学、心理学、法学、哲学、文学等都要涉及,构建教学内容体系非常困难;另一方面,大学生领导力的提升需要有充分的社会实践和体验的机会,由于大学、特别是中国大学相对封闭的管理模式,在校大学生参与实践的机会相对较少,所以大学生通过实践来认知和提升领导力的机会较少,这也给领导力教育效果带来了不利影响。

二、中美高校领导力教育与实践现状分析

(一)美国高校开展领导力教育与实践的现状

针对大学生的领导力教育始于以美国为代表的西方国家。20世纪70年代起,以美国为代表的西方国家悄然兴起了面向大学生的领导力教育,且有蔚然成风之势。1986年,美国大学协会报告提到,有600所高校制订了大学生领导力教育计划;到了90年代末期,增加到800所;2006年,已有近千所高校在从事相关教育活动,至2012年,数量为1200所且数量逐年增长。

除了较多的领导力教育项目,有些高校甚至将领导力教育贯穿人才培养的全过程,形成了特色鲜明的大学生领导力教育和实践课程体系。

在美国的影响下,澳大利亚、加拿大、日本等国高校纷纷开展大学生领导力教育。例如,在澳大利亚的40所本科院校中,有35所开展了大学生领导力教育,占87.5%;加拿大的200多所大学中,有12所开展了本科生领导力教育,高职院校则将领导力教育贯穿到人才培养的各个层面。

通过查阅大学生领导力教育(Leadership Education)、领导力发展(Leadership Development)和领导力培训(Leadership Training)等相关文献资料,特别是对房欲飞博士论文《美国高校大学生领导教育研究》、崔文霞博士论文《中美大学生领导力培养比较研究》的学习,笔者总结了以上相关文献的观点,认为以美国为代表的西方国家高校所开展的领导力教育与实践具有以下几个明显特征。

1. 领导力理论支撑体系比较完善

20世纪70年代,美国高校开始对在校大学生开展领导力教育,同时对大学生领导力教育的理论、实践、标准、评价展开了研究,形成了针对大学生领导力教育、领导力培养的较为丰富和系统的理论体系,这些理论体系为高

校开展领导力教育提供了理论支撑。崔文霞博士论文《中美大学生领导力培养比较研究》中对美国大学生领导力培养的相关理论模式进行了统计,见表1-14。

表1-14 美国大学生领导力培养相关理论模式统计表

理论模式名称	时间	情况简介
服务型领导力	1970	由罗伯特·格林利夫提出,是美国最早的大学生领导力培养模式与理念
社会变革模式	1996	由亚历山大·艾斯丁和海伦·艾斯丁推动的一批领导力学者和教育工作者特别为大学生群体而开发
关系领导力模式	1998(2007)	由苏珊·库米维斯等(1998,2007)专门为大学生开发。该模式把领导定义为"某种关系的、符合伦理的、人们试图共同实现积极变革的过程"
领导者身份认同发展模式	2005	由苏珊·库米维斯与她的同事一起研究提出。该模式主要聚焦在如何学习和开发领导力,包括领导身份认同所需要的六个阶段
情感智能领导力模式	2008	由肖克曼和艾伦共同开发,是当前诸多大学生领导力培养模式中较新的一种。该模式由情景认知、自我认知和他者认知三个维度共21种能力构成
领导力挑战模式	2008	由库泽斯和波斯纳针对学生领导力的培养和测评而开发。该模式旨在帮助每一位学生开发领导力潜能

目前,在美国高校大学生领导力教育中应用较多的是社会变革模式(Social Change Model)和领导力挑战模式(Leadership Challenge Model)。

社会变革模式认为大学生领导力主要体现在个人、团体、社会层面的核心价值及其相互关系。个体价值层面重点体现在个体认知、言行一致和诚信三个方面,团体价值层面重点体现在合作、共同目标和基于尊重的讨论三个方面,社会价值层面重点体现在公民意识方面。

领导力挑战模式将领导力定义为激励自己和他人的过程,描述了领导者以身作则、共享愿景、挑战现状、使众人行动和激励人心等五种典型领导力,又将这五种典型行为细化为十项具体行为，领导力挑战的最终目标是在激励人心的基础上完成共同愿景。

除了理论研究外，美国成立了专门的研究机构从事领导力教育的研究，这些研究机构为大学生领导力教育提供了研究、资源、项目等方面的支撑。美国国家领导力项目信息资源中心（National Clearinghouse of Leadership Programs，NCLP）对美国领导学的学位授予、大学生领导力教育的项目等提供信息支撑，多院校领导力研究项目（The Multi-Institutional Study for Leadership，MSL）对大学生领导力教育的理论和实践进行多院校合作研究，加利福尼亚大学洛杉矶分校高等教育研究所（Higher Education of Research Institute，HERI）提出了对美国高校大学生领导力教育影响巨大的社会变革模式。

2. 领导力教育课程内容比较丰富

美国高校开展大学生领导力教育以来，大学生领导力教育从最初的由高校学生事务中心开展的领导力开发项目，发展成为大学生领导力证书项目、选修课程、学位（包括学士、硕士和博士）课程等系统完备的领导力教育与实践的人才培养体系。早期，美国大学生领导力教育的课程大部分是由商学院或者管理学院开设的。近几年，美国的一些高校也根据人才培养的需要，有针对性地开发大学生领导力课程，课程主要关注领导力的理论、技能、自我提升和组织发展等内容，形成了领导力选修课程、专业必修课程、领导力证书项目等多样化的领导力教育课程体系。另外，美国高校非常注重领导力实践，社区服务、社团工作和组建项目工作小组为大学生领导力实践提供机会。为了让大家更加深入了解美国高校开展领导力教育与实践的情况，下面详细介绍麻省理工学院的"戈登工程领导力项目"（The Gordon Engineering Leadership Program of MIT，GEL）。

（1）项目背景。2007年，麻省理工学院的校友伯纳德·戈登捐赠2000万美元，资助麻省理工学院开展工程领导力项目，培养21世纪工程领域的未来领导者。每年有超过120名麻省理工学院的本科生通过GEL学习创新经验和领导力理论课程，开展领导力实践和沉思训练。在项目实施的过程中，最明显的特点就是以群组为单位，由学生、教育者和企业界人员组成群组，群组以任务为导向，通过完成任务或者使命来创造良好的互动环境，从而帮助学生提升领导力。

(2)项目愿景。通过 GEL 培养具有解决复杂的、现实的工程问题的新一代工程领导者。

(3)项目使命。培养麻省理工学院的工程学学生,使他们更愿意并更有能力为现实世界的工程项目做出有效的贡献;为发展学生的领导能力和性格提供一个教育和实践的机会;提高全国对工程创新、工程发明和工程实施方面领导力教育的重视程度。

(4)实施方法。通过工程项目的实践、领导力的概念和理论学习、培养沉思和价值观三个方面相结合来提升领导力。在实施过程中,项目实施者将使用"黄卡"对每个工程学院的学生的领导力进行评价,按照评价标准每项给出 1~5 分,最后对学生的领导力综合给出"优秀、合格、需要提高"的评价。评价的主要内容有领导态度(核心价值观)、人际交往、理解情景、愿景规划、愿景实现、技术知识与关键推理等几个方面,每个方面都有更为细化的评价指标。比如在领导态度(核心价值观)方面细化的评价指标有首创精神(Initiative,IN),道德行为与诚信(Ethical Action and Integrity,EI),智慧、灵活性与改变(Resourcefulness,Flexibility and Change,RF),责任感、紧迫感和实现的意愿(Responsibility,Urgency and Will to Deliver,RU),对不确定事情的决策能力(Decision Making in the Face of Uncertainty,DM),信任与忠诚(Trust and Loyalty,TL)等。

3. 领导力教育评价标准比较明确

美国非常重视领导力教育项目标准的制定。美国高等教育标准促进委员会(Council for the Advancement of Standard in Higher Education,CAS)的主要职能是为学生事务管理制定专业化标准。1996 年,CAS 制定了学生领导力计划(Student Leadership Program,SLP)的标准和指南,并于 2009 年、2011 年两次修订。美国学生领导力项目标准(2011)包括领导力教育的项目使命、项目方案、组织领导、人力资源、道德伦理、法律政策与治理、项目多样性与公平、体制与对外关系、财力资源、技术支持、设施设备、考核与评价等 12 个部分。同时,列出了学生领导力教育成果指标包括以下几个方面:理解领导是一个过程而非岗位;认识到领导是一种关系;了解每个人都有领导潜力;不断参与质量和数量日益增加的领导过程;分析影响领导过程的情景

(比如自我、他人、社会和组织的特征);发展领导过程的洞察力;认识到领导的伦理成分等。除了以上教育成果的要求,还要求领导力项目在知识的获取、整合、构建与应用,认知复杂性,自我发展,人际交往能力,人道主义和公民参与和实践能力等6个领域要取得教育成绩。

(二)我国高校开展领导力教育的现状

与美国高校领导力教育近50年的发展相比,我国高校真正意义上开展大学生领导力教育与实践的时间只有10多年,大学生领导力教育的理论基础、内容和实践体系以及评价标准的制定都处于探索阶段。清华大学、北京大学、浙江大学、上海交通大学、复旦大学、深圳大学等高校较早开始了对大学生领导力教育及实践这一领域进行探索,并取得了一定成果。在大学生领导力教育研究方面,有关大学生领导力研究的学会、机构也相继成立,为高校开展领导力教育研究提供交流平台。国内几个典型高校开展领导力项目的情况如下。

2005年,浙江大学围绕学校造就"具有国际视野的高素质创新人才和未来领导者"的人才培养目标,开设了"大学生领导力拓展与训练"选修课程,并于2011年11月出版了国内第一本针对大学生领导力教育的教材《大学生领导力拓展与训练》(浙江大学出版社,2011)。

2014年,通过学生自主申请、面试选拔,电子科技大学探索成立了由36名大一新生组成的"立人班"。"立人班"以电子科技大学首任校长吴立人之名命名,取"立德树人"之意。电子科技大学在整合校内外课程资源的基础上,开设了与领导力提升相关的系列课程和专项活动,其目标就是培养学生的创新精神、战略决策和影响输出能力,培养创新领军人才。

2016年9月10日,清华大学苏世民学者项目在新落成的苏世民书院举行开学典礼,首批入学的共有来自31个国家的110名学生。中国国家主席习近平和美国总统奥巴马分别发来贺信,中国国务院副总理刘延东出席了开学典礼。清华大学苏世民学者项目是专门为未来的世界领导者持续提升全球领导力而精心设计的硕士学位项目,项目面向全球选拔学业优秀、诚实正直、视野开阔、富有责任感和使命感、具备领导潜质的青年人才到清华大学进行研究生课程学习,从而培养具有宽广的国际视野、优秀的综合素质和卓越的领导能力,并且了解中国社会、理解中国文化,有志于为促进人类文明与进步、世界和平与发展贡献聪明才智的未来领袖,为崛起中的中国与变化中的世界做出重要贡献。

在大学生领导力研究机构方面,2012年12月,上海市领导科学学会与上海理工大学共同成立了"大学生领导力研究与训练中心"。2013年11月,上海市领导科学学会成立了"中国大学生领导力发展研究中心",秘书处设在上海中医药大学。这些机构的成立为开展大学生领导力理论研究、领导力教育与实践提供了交流的平台。

在大学生领导力教育研究的文献方面,通过查阅西北工业大学万方数据知识服务平台2007—2018年相关研究文献,以"大学生领导力教育"为关键字检索到文献107篇(见表1-15),其中期刊论文100篇、学位论文5篇、会议论文2篇。从检索数据可以看出,从2011年开始,领导力教育尤其是大学生领导力教育的研究才逐渐受到国内学者的关注。在学位论文方面,华东师范大学崔文霞的博士论文《中美大学生领导力培养比较研究》对中国和美国高校开展领导力培养的情况进行了详细的比较分析,比较全面、系统地梳理了中国和美国高校开展领导力培养的历史及现状,并对我国高校更好地开展大学生领导力培养提出了很好的意见和建议。

表1-15　我国大学生领导力教育研究文献(2007—2018年)

年份	2007	2008	2009	2010	2011	2012	2013	2014	2015	2016	2017	2018
数量	2	3	2	2	10	9	13	15	17	6	17	11

从我国高校开展大学生领导力教育的实践和国内学者开展大学生领导力教育的研究情况,可以得出以下结论:一是我国高校开展领导力教育虽然时间较短,但是各个高校都非常重视,发展比较迅速。二是大学生领导力教育本土化研究得到重视,越来越多的学者认识到,西方的领导力理论、方法和技能的产生环境是西方的文化,有的领导技能对西方的大学生可能有用,但是在中国文化背景下是否能够发挥作用值得商榷,大学生领导力教育从较早的"拿来主义"正向着本土化的方向推进。三是领导力教育与通识教育、大学生思想政治工作结合得越来越紧密。其实通识教育的主要目标就是提高大学生的综合素质及能力,这与领导力教育的目标是一致的。另外,大学生领导力教育中的价值观培养是非常重要的一个方面,通过开展大学生领导力教

育来培育和践行社会主义核心价值观越来越得到高校和领导力教育者的重视。

(三)我国高校开展大学生领导力教育与实践存在的主要问题

相对于西方国家,我国的大学生领导力教育不同程度地存在理解有误区和定位有偏差、缺乏完备的教育内容体系、教育途径狭窄、理论与实践脱节、投入的师资力量薄弱等主要问题。这些问题需要我们认真研究,积极探索,结合中国特色社会主义的伟大实践,不断提升我国高校开展大学生领导力教育与实践工作的水平。这些问题主要表现在以下几个方面。

1. 理解与认识需要进一步提升

首先大学生领导力教育存在理解误区,主要有以下三种:一是领导力教育被误认为对想成为领导的大学生进行的教育,造成该误区的原因是相当一部分学生在现实观念中,将领导力片面等同于当领导的能力;二是将领导力教育中的"领导"片面等同于组织中有领导职务的人,把领导力片面理解为职位权力,造成该误区的主要原因是对领导力的概念认识不清,忽视了影响力的因素;三是有的人认为"领导者的特质是先天的",从而忽视了对领导力激发、领导力潜能开发的重要性,造成该误区的主要原因是静止看待领导力,忽视了领导力是一个动态的影响过程。

其次大学生领导力教育的定位存在偏差,主要表现为两个方面:第一,有的人把大学生领导力教育定位于针对少数学生骨干的"领袖"教育,领导力教育的对象主要是少数的学生骨干、优秀学生干部等,这使得领导力教育项目的受众范围变窄,忽略了大部分学生接受领导力教育与实践的需求,最终不利于大学生整体素质的提高和全面发展。第二,领导力教育较多定位于短期培训,课程体系和人才培养方案不够完善,缺少长期系统的教育规划。

2. 缺乏完备的教育内容体系设置

领导力知识的系统学习是大学生领导力教育与实践的基础。然而,由于缺乏系统的领导力教育内容和较完善的课程设置,我国高校领导力教育的资源供给相对于大学生的需求明显滞后,相较于西方一些国家的大学已形成覆盖专业学位课程、辅修课程、公选课程、实训项目和短期培训等一套完整的领导力教育课程体系而言,我国大学生领导力教育的课程体系和课程群建设不仅紧迫而且任重道远。

3. 大学生领导力教育实践的渠道相对较少

领导学不仅是一门科学,也是一门艺术,大学生领导力教育不仅要学习领导学的基本原理、方法和规律,也要引导学生掌握领导活动的实践技能、经验和手段。提升大学生领导力技能的最有效的手段就是在实际社会中实践,但是由于时间、空间、岗位等限制以及教育资源的开发不到位,当前大学生领导力教育的实践途径较少。大学生领导力教育主要依托课堂理论教学,课内缺乏配套的实训实验和模拟实验,课外缺乏实践锻炼的机会。

4. 大学生领导力教育与实践专业的师资力量薄弱

目前,大学生领导力教育主要由学生工作部门、团委工作人员或是高校少数专职教师进行,专职师资力量相对于领导力教育需求比较薄弱。在大学承担领导力教育的教师,有的没有实际管理经验,有的对学生状况的了解不够深入,导致领导力教育的针对性和有效性不强。现有的师资对于少数学生骨干和干部进行小范围短期培训或许可以发挥一定作用,但人员的数量少、时间精力有限、知识结构单一、实践经验匮乏等原因导致领导力教育的普及面、推广度、系统化教育程度以及教育效果方面存在问题。对于从事过学生管理工作的干部,他们有着丰富的思想教育和心理教育的经验,但缺乏领导学的专业知识和技能,在领导力理论、知识的传授和技能训练方面不够专业,系统开展领导力教育与实践也存在不少困难。

三、大学生领导力教育与实践的内容及实施

笔者及其教学团队从 2010 年开始关注大学生领导力教育,从 2017 年开始准备大学生领导力教育与实践的课程内容,2018 年、2019 年和 2020 年分别在西北工业大学本科生和工程博士中开展领导力的教育与实践。总结这几年的教学经验,笔者认为我国高校开展大学生领导力教育要注意以下几个方面。

(一)大学生领导力教育应该从"精英化"到"大众化"

美国一些高校的领导力教育已经实现了从"精英化"到"大众化"的转变,根据学生的需求设计一系列领导力项目和课程,愿意参加的学生都有机会接受领导力方面的教育或者培训。典型的是鲍尔州立大学(Ball State University,BSU)的教育项目,BSU设计了很多领导力开发的项目,每个学生都有选择的机会。我国领导力教育的对象目前还集中在部分优秀学生身上,或者由于专业师资原因开设的课程较少,高校领导力教育体系不够系统全面,没有实现真正意义上的"大众化"。像早期的清华大学"学生领导力培养计划唐仲英项目"、上海交通大学"学生领袖精英培训营"、复旦大学"青年领袖培养计划——卓越计划"、浙江大学"青少年领导力训练营"等,都是学生干部或者经过层层选拔的优秀学生参加的领导力教育。

(二)大学生领导力教育应该从"分散化"到"集中化"

从专业角度看,大学生领导力教育内容要求多学科资源的整合,这也是在设计大学生领导力教育内容时面临的一个非常困难的问题。同时,有的高校领导力教育存在多个部门都在开展的现象,这样又分散了有限的领导力资源。从前期开展领导力教育的实践来看,如果要更好地开展大学生领导力教育,高校应整合校内资源,在以下几个方面集中发力,构建完善的大学生领导力教育体系。

1. 领导力课程体系

完善的领导力课程体系应包括领导力的定义、领导力理论、领导方式、领导技能和领导力评价等主要内容,同时在课程中可以加入领导力测评方面的内容,通过学生自我评价和他人评价,学生能够更加全面地理解领导力的基本知识。课程体系中不仅要介绍西方领导力的理论、方法和技能等内容,还要体现中国本土化领导力教育的重大意义和发展方向。在领导力教育中要推进习近平新时代中国特色社会主义思想"三进"工作、结合中国共产党治国理政的伟大实践和中华优秀传统文化中的领导力思想,探索建立一套符合中国大学生实际的领导力课程体系,建立一套既有中国特色领导力思想,又有西方领导力理论、技能、评价的大学生领导力课程体系。

2. 丰富领导力情景模拟

这部分内容既与领导力教育内容有关,又与教育方法有关。由于大学生的实践经验较少,在领导力的教学内容中可以加入角色扮演,比如可以让学生扮演某企业的营销主管,制定一份新产品上市营销方案;也可以加入表演性教学,教师可以扮演一位领导,通过语言和行为演示不同的领导方式,如直接式、参与式或者愿景式;也可以通过学生和教师的互动,让学生了解辅导(Coach)的过程;也可以播放一些经典的影视材料,通过角色分析让学生理解领导力发生的过程。情景模拟教学的主要目的是创造一个大学生领导力实践的情景,结合学生在情景中的表现及行为,教师可以更加直观地讲授领导力理论。

3. 设计实施项目

从笔者开设的领导力教育课程的情况来看,在课程中加入项目设计是提升大学生领导力认识水平的重要渠道。从课程开始就要求学生组成团队,让学生团队自己设计和提出一个项目,前期以团队为单位对项目实施方案进行充分讨论,中间让学生自主实施自己的项目,把项目实施作为课程考核的重要依据。通过设计实施项目,学生可以经历一个完整的过程,对领导者、追随者、沟通、共同目标等领导力关键要素会有实际的理解和体会。

4. 拓宽社会实践

国家行政学院一级教授、中国领导科学研究中心主任刘峰在他的讲话及研究论文中多次提到中国化领导力提升所遵循的"127法则",即10%靠知识学习,20%靠教育培训,70%靠工作实践。领导力教育与领导力实践就是通过对领导力知识的学习、教育和具体的工作实践,帮助受教育者在领导知识、技能和价值观等方面得到提升和发展,提升受教育者的领导力。开展大学生领导力教育,社会实践是一个非常重要的环节。一是利用社区资源进行社会实践。美国大学生领导力教育成功的一个重要经验就是重视利用社区资源,以社区为依托进行服务式学习,将社区服务引入课程,从而保障大学生对社区生活的参与。比如密歇根大学设立了"服务学习和公民参与中心",科罗拉多大学对不同年级参与社区服务的时长做出了40~70小时不等的相关要求,南伊利诺斯大学要求学生参与不低于30小时的社区服务。二是搭建学生领导力实践平台。根据学生专业情况与政府或者企业建立联盟,让学生有开展社会实践的平台,更重要的是可以把政府或者企业界的资源转化为领导力教育资源。比如麻省理工学院工程领导力教育项目就是建立与工业界的战略伙伴关系,让毕业生的最终雇佣者、产业或企业的领导者参与到项目中来,组建强大的学生和工业领导圈联盟。这样做既使学生有机会接触卓越的工程领导者,又能帮助学校培养未来的工程领导者。三是充分发挥学生社团作用。鼓励大学生参与校内的社团,配备社团指导教师,加强其对学生社团领导力实践活动的指导,通过社团活动达到领导力实践的目的。

(三)大学生领导力教育与实践的标准和评估应尽快制定

目前我国高校开展大学生领导力教育与实践的项目类型较多,就内容来讲,有全面引进西方领导力项目的,也有自己设计领导力教育体系的;就实施主体来讲,既有学生管理部门实施的,也有专业院系实施的。为了保证大学生领导力教育与实践的质量,相关部门或者协会应该研究制定大学生领导力教育的标准,就开展大学生领导力教育的目的、内容、实施等基本要求做出规定。同时,加强对领导力教育与实践效果的评估,评估的内容应该包括学习结果、学生满意度、目标达成度、教学效果等。通过评估不断优化领导力教育的内容,改革创新领导力实践的渠道和方法,提升大学生领导力教育与实践的针对性,为更好地开展领导力教育打下良好基础。

在大学生领导力教育与实践中,编写适合中国学生的教材非常关键。本书是笔者及其教学团队成员近几年面向西北工业大学本科生及研究生开设"大学生领导力教育与实践"课程的成果展示和经验总结。相对来讲,本书具有以下主要特点:

(1)系统介绍了西方领导力知识。对西方领导力的历史、定义以及经典的领导力理论、领导方式、领导技能进行介绍,同时加入了评价量表方便学生进行测试。

(2)融入了中华优秀传统文化中的领导力思想。选取了与领导力相关的经典文献作为教材的主要内容,让学生在学习领导力思想的同时,深刻体会中华优秀传统文化的博大精深,尝试建立"中华优秀传统文化中的领导力哲学思想+西方领导力科学理论"的中西结合的内容体系。

(3)结合了中国特色社会主义的伟大实践和成就。深入贯彻习近平新时代中国特色社会主义思想,将习近平总书记治国理政的新思想新理念新战略体现在教材中,将大学生领导力教育和培育与践行社会主义核心价值观相结合,与加强大学生品德修养相结合,引导广大学生进一步坚定"四个自信"。

通过对领导力发展历史的回顾、领导力定义的分析和国内外高校开展领导力教育状况的对比,我们可以深切体会到领导力的概念在不同时代、不同文化背景下有着不同的内涵,未来也不会有一个普遍认可的、统一的定义。

进入新时代,在高校开展领导力教育,对于培养德智体美劳全面发展的社会主义建设者和接班人、培养担任中华民族伟大复兴重任的时代新人来说,非常重要。我们要针对中国大学生的特点,传承和弘扬中华优秀传统文化、革命文化和社会主义先进文化,结合中国特色社会主义伟大实践,构建有中国特色的大学生领导力教育与实践体系。中西结合,理论与实践结合,不断提升大学生领导力教育的有效性和针对性,为人才强国、教育强国奠定更加坚实的基础。

第二章 特质理论
Trait Theory

在特质理论出现之前,1840年,苏格兰哲学家托马斯·卡莱尔(Thomas Carlyle)提出了伟人理论(Great Man Theory)。伟人理论强调"伟人是生来具有的,不是后天造就的",强调固有的领导特质造就了伟大的领导者。伟人理论体现了唯心主义思想的英雄史观,这种观点是错误的,它忽视了人民群众在历史发展中的作用,夸大了英雄的个人意志对历史进程的影响。但是,从领导力研究的角度来看,这一理论开创了研究者们对"什么样的性格造就伟大的领导者"的思考,后来的领导力研究者围绕领导者具有哪些特别的特质进行了深入研究,形成了第一个比较系统的领导力理论——特质理论。研究者们对特质理论的研究在20世纪整整持续了100年。时至今日,特质理论仍在干部选拔、任用中广泛应用。

经过100多年的发展,西方学者对领导力研究的不断深入,形成了一系列领导力理论。西方领导力理论的发展主要有两个阶段:第一阶段是传统领导力理论形成和发展阶段,主要是在20世纪初到20世纪80年代。西方社会开始进入工业社会,结合工业社会的发展需求形成了一系列领导力理论,本书重点介绍这个阶段形成的特质理论、行为理论和权变理论。第二阶段是新型领导力理论形成及发展阶段。从20世纪六七十年代开始到现在,加速变化的外部环境和激烈的竞争现实引起各类组织领导者们对提升领导效能的普遍重视,随着统计手段和技术的发展,领导力理论研究者更容易采集和处理相关数据,领导力的研究、实践和评估等相关理论和方法得到快速发展,本书重点介绍这个阶段形成的领导-成员交换理论、交易型领导理论、变革型领导理论、参与型领导力理论、伦理/道德领导力理论、诚信领导力理论和跨文化领导力理论。

相较于西方领导力的研究历史，我国对领导力的研究起步较晚。国内一些学者从20世纪80年代开始对西方学者的领导力理论进行学习和研究。目前，我国的领导力研究已经从开始的学习、引进和比较研究，进入到结合中国实际和中华优秀传统文化进行的本土化研究，取得了一系列的研究成果，进入了领导力理论研究的快车道。

结合国内外关于领导力研究的文献资料，笔者认为，中华优秀传统文化博大精深，包含了很多领导力的思想，加上中国改革开放以来取得的巨大成就，结合中国文化、中国特色、中国语境的领导力研究将会受到广大学者的重视。作为中国的大学生，不仅要了解西方的领导力理论，更重要的是要学习优秀的中华民族传统文化，提升自己的综合素质，为领导力提升打下坚实的基础。

下面将介绍一些西方经典的领导力理论，包括它们的主要内容、应用及评价方法，同时结合理论内容给出中华经典文献中的相关内容。这样学生能够更好地理解中华优秀传统文化中蕴含的领导力哲学思想，增强对领导力理论的全面认识。

第一节 特质理论的主要内容

特质理论的发展经历了三个阶段。第一个阶段是20世纪初至20世纪中叶，特质理论研究的重点是领导者的心理、性格、知识、能力等方面的特征，研究领导者和追随者在本质上是否存在差别，领导者是否存在特定的人格特质、生理属性、智力或者个人价值观等显著特征从而与追随者区分开来。第二个阶段是20世纪中叶至20世纪90年代，特质理论研究的重点是到底有没有一些普遍适用的领导特质，这些特质是什么？第三阶段是20世纪90年代至今，特质理论的研究聚焦在"领导者和其他人非常明显的不一样"，研究者探索这些不一样的特质，并且说明这些领导特质可以是先天具有的，也可以是后天学习的。下面介绍心理学家斯托格迪尔（R. M. Stogdill）在1948年和1974年的两次研究成果，以及A. Kirkpatrick和Edwin. A. Locke关于特质理论的研究成果。

1948年，斯托格迪尔的研究目的是想回答到底有没有普遍的、统一的领导特质问题，研究的重点是，在一个群体中，一个个体变成一个领导者所需要的特质到底有哪些。他综合分析了 1907—1947 年关于领导特质研究的 124 篇研究论文,得出两个结论:第一个结论是领导者和追随者在以下 8 个方面的特质均值存在不同。这 8 个方面的特质分别是智力、机警程度、洞察力、责任心、首创精神、持久性、自信和社会能力。第二个结论是并没有一个统一的、适应各种环境的领导特质。相对于第一个结论,第二个结论使得特质理论的研究走向低谷,但是意义却更加重大。重大的原因在于开启了领导力另外一个理论研究。在对领导特质的综合分析中,斯托格迪尔发现在一个环境中拥有领导特质的个体在另外一种环境中可能不能成为领导者。换句话说,一个个体成为领导者不仅仅是因为拥有领导特质,更重要的是与环境有关系。这为研究领导行为和领导情景理论奠定了基础。

1974 年,斯托格迪尔又对特质理论进行了研究。他分析了 1948—1970 年发表的 163 篇论文,同时根据这些研究成果对比分析了他第一次得出的结论。虽然在第一次的研究分析中他提出了领导情景因素,而第二次的研究重点是验证他所提出的领导特质,同时结合了领导情景因素,但是没有把领导情景因素作为研究的重点。和第一次的研究相似,他提出了如下 10 个领导特质,见表 2-1。

表 2-1 斯托格迪尔提出的 10 个领导特质

序 号	领导特质
1	基于责任和任务完成的驱动
2	追求目标的活力和毅力
3	解决问题的风险承担和独创性
4	在社会环境中采取主动行动
5	自信和个人认同感
6	愿意接受决定和行动的后果
7	乐于承受人际压力
8	愿意忍受挫折和拖延
9	影响他人行为的能力
10	有能力根据现实目标构建社会互动系统

1991年,A. Kirkpatrick 和 Edwin. A. Locke 的研究成果指出,领导特质是非常重要的,个体既可以生来就具有这些特质,又可以通过后天学习拥有这些特质。通过定性综合分析,A. Kirkpatrick 和 Edwin. A. Locke 相信领导者和非领导者在以下6个方面的特质存在不同,这6个方面分别是:驱动、动机、正直、自信、认知能力、任务知识。

很多学者对领导特质进行了深入的研究,从不同的角度,用不同的研究方法得出了一系列领导者应该拥有的特质。表2-2列出了部分学者关于领导特质的研究成果。

表 2-2 部分学者提出的领导特质

Stogdill (1948)	Mann (1959)	Stogdill (1974)	Lord, DeVader, Alliger (1986)	Kirkpatrick, Locke (1991)	Zaccaro Kemp, Bader (2004)
智力	智力	成就	智力	驱动力	认知能力
警觉	男子气概	坚持	男子气概	动机	外向性
洞察力	调整	洞察力	主导	正直	责任心
责任	主导	首创精神		自信	情绪稳定性
首创精神	外向性	自信		认知能力	开放性
坚持	保守	责任		任务知识	亲和力
自信		合作			动机
社会性		忍耐			社会智商
		影响			自我监控
		社会性			情商
					问题解决能力

在特质理论的研究成果中,Goldberg 于1990年在一篇文章中指出的"大五"人格要素(Big Five Personality Factors)代表了这方面的研究成果(见表2-3)。

表 2-3 "大五"人格要素

人格要素	特 征
神经质(Neuroticism)	有抑郁、焦虑、不安全、脆弱和敌对等倾向
外向性(Extraversion)	有善于交际、有主见并具有积极活力等倾向

续表

人格要素	特 征
开放性(Openness)	有见识、有创造性、有洞察力和好奇等倾向
随和性(Agreeableness)	有接受、顺从、信任和照顾他人等倾向
严谨性(Conscientiousness)	有组织、有控制、可靠和果断等倾向

为了验证"大五"人格要素和领导力之间的联系,Judge、Bono、Iiies 和 Gerhardt(2002)研究了 1967—1998 年出版的关于领导力和特质的研究著作,发现五大特质和领导力有着紧密的联系,其中联系最紧密的是外向性,其次是开放性,而严谨性、神经质、随和性指标与领导力的联系比较弱。

综上所述,要想把领导者的特质总结归纳得系统全面是非常困难的,每个领导者拥有的特质都不尽相同。还有一个关键问题是,有些特质对某些领导者是重要的,然而在另外一个环境下,这些重要的特质可能会成为缺点或者不足。因此,提出一套大家普遍认可的、统一的领导特质几乎是不可能的。

20 世纪 80 年代以来,关于领导者的个性和特质如何影响领导力的研究又重新受到重视。主要有两条研究路径:一是利用数据分析的方法,应用新技术对早期的领导特质研究重新进行数据分析,大数据分析为特质理论的研究提供了支撑。二是魅力型领导理论的兴起与领导特质有着紧密的联系,这种联系使得对领导特质的研究得到进一步重视。尽管各种魅力型领导理论提出了不尽相同的理论模型,但无论是特质理论还是魅力型领导理论,它们的研究重点都是某些能激发强烈追随行为的领导者的特定品质。

第二节 特质理论的优缺点

特质理论的优点和缺点都非常明显。

(一)特质理论的优点

1. 直觉上很有吸引力

特质理论很符合人们的普遍观念,即领导者是在社会中占主导地位的特殊人物,领导者肯定与追随者不同,由此得出的结论很直观:他们肯定拥有一定的领导特质。

2. 研究持续时间较长,并且以大量的数据为支撑

特质理论的研究整整持续了近一个世纪,在这点上,没有其他理论能够

和特质理论相比。另外,特质理论的研究有大量的数据作为支撑,研究者通过选取一定数量的领导者,对他们的性格特点进行分析研究,或者对历史上关于领导者的文献资料、个人自传等进行总结归纳,最后得出结论。在这点上也是其他理论比较缺乏的。

3. 抓住了领导力的关键要素

虽然说领导力包括领导者、追随者、环境、沟通和共同目标等关键要素,领导者只是关键要素的其中之一,但是毫无疑问的是,领导者是其中最关键的要素。特质理论的研究聚焦领导者的特质,在这点上,特质理论抓住了领导力的关键要素。

4. 提供了一些基准,个人可以据此评估自己的领导特质

比如针对前面提到的"大五"人格要素,麦克雷(McCrae)、科斯塔(Costa)据此编制了 NEO-PI 量表,后来又进一步修改为 NEO-PI-R 量表。NEO-PI-R 量表按照"大五"人格要素分为 5 个维度,每个维度水平的分量表包括 48 个项目,全量表共有 240 个项目。该量表随后在德国、荷兰、西班牙、匈牙利、菲律宾等国都得到了验证,并且获得了大量跨文化研究的支持。针对领导特质的评价量表有很多,这些量表可以对领导者的特质进行评价,也为个体评价自己的领导特质提供了标准。

(二)特质理论的缺点

1. 最终未能提供一个关于领导特质的明确清单

很多研究者都给出了领导特质清单,这些清单有的很长,有的很短,但是最终没有一个统一的、大家都认可的、有效的领导特质清单。

2. 在分析领导者的特质时没有考虑情景的影响

拥有领导特质的领导者在一种情景下可以成为成功的领导者,但是在另一种情景下却不一定能够成为一个成功的领导者。在一个职位上表现优秀的领导特质,在另一个职位上可能被认定为领导者的缺点。

3. 确定的领导特质清单主观因素较多

研究者根据自己的判断、受访者的访谈、调查问卷等总结归纳形成领导特质清单,对领导者应该具备的领导特质大多依靠研究者的经验和主观判断,不同的受访者的对领导职位的认识水平不同,最终领导特质清单受主观的影响较大。

4. 没有充分考虑领导力的其他关键要素

特质理论只关注了领导者这个关键要素，对追随者、环境、沟通、共同目标等其他关键要素考虑较少，没有将领导特质与团队和团队绩效等其他结果充分联系起来，也没有有效解释领导特质是怎样影响追随者和团队绩效的。

5. 特质理论对领导力的训练和发展不利

虽然前面说到特质理论给出了一些个体自我评价的标准，但也可能会让个体觉得自己如果没有这些特质就不会成为领导者，这种误解有可能给领导力的教育和培训带来不利影响。

第三节　特质理论的应用

虽然特质理论有着缺点和不足，但是时至今日，特质理论仍然得到非常广泛的应用。

1. 组织部门选拔和评价干部的重要依据

组织部门在选拔干部时坚持的"德才兼备、以德为先"的原则和"信念坚定、为民服务、勤政务实、敢于担当、清正廉洁"的好干部标准都是对领导者特质的要求。组织部门在选拔干部的时候，会对候选人的"德能勤绩廉"进行全面考察，并重点考察候选人的能力、素质是否符合岗位需求，并将其作为干部选拔任用的重要依据。

2. 人力资源部门考察和使用人员的重要依据

人力资源部门在招聘员工的时候，重点考察的也是应聘者的特质，根据应聘者的特质判断其是否符合招聘岗位的需求。在人事管理中，也要根据员工的特质和岗位的需求进行人事调整和安排。有研究指出，特质理论在企业绩效评价方面得到验证，微软、盖洛普、华为、合益等众多公司的实践活动说明特质理论具有预测绩效的作用。根据员工的特质安排工作便于调动员工的积极性，从而达到人尽其才、事尽其成、人事相宜的目标。

3. 个体学习、发展和评估自己领导特质的重要途径

后期的特质理论强调，领导特质既可以是先天的，也可以是后天习得的。

个体特别是在校大学生可以通过阅读人物传记或者学习他人身上的优秀品质等方法，了解不同环境、不同时期对领导特质的不同要求。同时，特质理论经过长时间的发展，形成了评估个体特质和领导特质的量表，大学生可以对照这些量表进行自我评估，也可以通过评估他人和自己的领导特质来了解自己的优缺点，并且修炼自己的领导特质，做好职业规划。

4. 新时代青年人职业发展的要求

面对中华民族伟大复兴的战略全局和世界百年未有之大变局，新时代青年将会面对更多的压力和挑战。因此，青年人的领导力和综合素质对职业发展非常重要。

习近平总书记对青年人给予了非常高的期望，结合实现中华民族伟大复兴的中国梦多次对青年人提出了明确的要求。2018年5月2日，在北京大学师生座谈会上，习近平总书记要求青年人一是要爱国，忠于祖国，忠于人民；二是要励志，立鸿鹄志，做奋斗者；三是要求真，求真学问，练真本领；四是要力行，知行合一，做实干家。2019年4月30日，在纪念五四运动100周年大会上，习近平总书记指出，新时代中国青年要树立远大理想，要热爱伟大祖国，要担当时代责任，要勇于砥砺奋斗，要练就过硬本领，要锤炼品德修为。"展望未来，我国青年一代必将大有可为，也必将大有作为"。习近平总书记对青年人的这些重要讲话精神，既是对我国青年素质和能力的要求，也充满了对我国新时代青年完成民族复兴重任的信任。有抱负、更务实的中国青年应该深入学习领会习近平总书记重要讲话精神，以高度的自信、开放的视野和实干的精神走上世界舞台中央，在青春的接续奋斗中书写中华民族更加辉煌的明天。

第四节 领导特质的评价

经过100多年的发展，西方的领导力理论在体系化方面特点很明显，一个重要的体现就是对领导力的评价。西方学者研究出了很多评价领导特质的度量表格，下面介绍几种经典的评价量表，供学生自我测评使用。学生可以通过自我测评和他人对自己的评价来了解自己的领导特质、性格特点，对比自我评价和他人评价来分析其中不同的原因,通过采取有针对性的方法来改变自己、提升自己的素质,从而达到提升和发展自己领导力的目的。

一、领导特质问卷(Leadership Trait Questionnaire,LTQ)

LTQ是比较简单和直接的评价领导特质的量表,应该由领导者以及与领导者熟悉的最少5个人分别完成(比如:室友、同事、亲戚、朋友)。LTQ共有14个问题,如果强烈不同意,给1分,如果不同意,给2分,如果中立,给3分,如果同意,给4分,如果强烈同意,给5分(见表2-4)。

表2-4 领导特质问卷调查表

序号	评价问题	分值				
		1	2	3	4	5
1	善于表达:能与他人有效交流					
2	有洞察力:眼光敏锐深刻					
3	有自信:相信他(她)及其能力					
4	有把握:有自我的安全感,不怀疑自己					
5	坚持:尽管受到干扰,但仍坚持目标					
6	决心:立场坚定,行动果断					
7	信任:诚信的,激发大家信心					
8	独立:行为一致和可靠					
9	友好:友善、温暖					
10	外向:自由讨论,与他人友好相处					
11	责任心:周密的,有组织的,受控制的					
12	勤奋:坚持、努力					
13	敏感:表现出宽容、机智和同情					
14	同理心:理解他人,认同他人					

评价结束后,分别得出领导者的自我评分和5个评价者对领导者评价的平均分,由此形成领导特质问卷调查得分表(见表2-5)。

表 2-5 领导特质问卷调查得分表

序号	评价问题	5个评价者的打分					5个评价者的平均分	自我评分
1	善于表达：能与他人有效交流	4	4	3	2	4	3.4	4
2	有洞察力：眼光敏锐深刻	2	5	3	4	4	3.6	5
3	有自信：相信他（她）及其能力	4	4	5	5	4	4.4	4
4	有把握：有自我的安全感，不怀疑自己	5	5	5	5	5	5	5
5	坚持：尽管受到干扰，但仍坚持目标	4	4	3	3	3	3.4	3
6	决心：立场坚定，行动果断	4	4	4	4	4	4	4
7	信任：诚信的，激发大家信心	5	5	5	5	5	5	5
8	独立：行为一致和可靠	4	5	4	5	4	4.4	4
9	友好：友善、温暖	5	5	5	5	5	5	5
10	外向：自由讨论，与他人友好相处	5	4	5	4	5	4.6	4
11	责任心：周密的，有组织的，受控制的	2	3	2	3	3	2.6	4
12	勤奋：坚持、努力	3	3	3	3	3	3	4
13	敏感：表现出宽容、机智和同情	4	4	5	5	5	4.6	3
14	同理心：理解他人，认同他人	5	5	4	5	4	4.6	3

从以上分数统计可以看出，在"善于表达"方面，领导者自我评分比评价者的评分要高一些，这说明他人在接受领导者所表达的内容方面存在问题，也就是提示领导者要通过合适的方式更加清晰、准确地向追随者表达自己的观点。在"有洞察力"方面，领导者的自我评分要比评价者的评分高很多，这就说明领导者对一些重要问题的认识能力和水平可能没有得到大家的认可，也就要求领导者对问题的分析与认识要更加深入、系统和全面。在"友好"方面，领导者的自我评分和观察者的评分都是最高分，这说明领导者和大家的关系非常融洽。在"同理心"方面，领导者自我评分远低于评价者的评分，这说明领导者能够做到理解下属，但还是担心自己做得不够。

需要说明的是,LTQ 评价只是一个参考,所有得分都是最高也不能说明该领导者就具有最好的领导特质。LTQ 评价只是给出了领导者和评价者的评价差别,同时让领导者分析这些差别产生的原因。如果这些原因是正当的和组织发展需要的,领导者不一定要做出改变,如果这些原因是领导者所欠缺的或者对组织的发展不利的,领导者就要认真思考并做出相应的改变。另外,使用 LTQ 评价时,评价者的选择非常关键。在选择评价者的时候,一方面这些评价者要非常了解领导者,另一方面评价者要做到实事求是,做到客观反映,不会因为自己的主观情绪而做出有违事实的评价,这样采集到的数据才是有效的数据。

二、迈尔斯-布里格斯类型指标(Myers Brigger Type Indicater,MBTI)

美国心理学家伊莎贝尔·布里格斯·迈尔斯(Isabel Briggs Myers)和她的母亲凯瑟琳·库克·布里格斯(Katharine Cook Briggs)以瑞士心理学家荣格(Carl Gustav Jung)划分的 8 种性格类型为基础,经过二十多年的研究,编制成了迈尔斯-布里格斯类型指标,从而把荣格的性格类型理论付诸实践。MBTI 共有四个维度,具体见表 2-6。

表 2-6 迈尔斯-布里格斯类型指标

维 度	类 型	类型英文及缩写	类 型	类型英文及缩写
注意力方向 (精力来源)	外倾	E(Extrovert)	内倾	I(Introvert)
认知方式 (如何搜集信息)	感觉	S(Sensing)	直觉	N(Intuition)
判断方式 (如何做决定)	思维	T(Thinking)	情感	F(Feeling)
生活方式 (如何应对外部世界)	判断	J(Judgement)	知觉	P(Perceiving)

同时,MBTI 又给出了四个维度的典型特征行为,具体见表 2-7 至表 2-10。

表 2-7 外倾型(E)—内倾型(Ⅰ)

外倾型(E)	内倾型(Ⅰ)
与他人相处时精力充沛	独处时精力充沛
行动先于思考	思考先于行动
喜欢边想边说出来	在心中思考问题
易于被人理解和了解,随意地分享个人情况	更封闭,更愿意在经挑选的小群体中分享个人的情况
说的多于听的	听的比说的多
高度热情地社交	不把兴奋说出来
反应快,喜欢快节奏	仔细思考后,才有所反应
重于广度而不是深度	喜欢深度而不是广度

表 2-8 感觉型(S)—直觉型(N)

感觉型(S)	直觉型(N)
相信确定和有形的东西	相信灵感或推理
对概念和理论兴趣不大,除非它们有着实际的效用	对概念和理论感兴趣
重视现实性和常情	重视可能性和独创性
喜欢使用和琢磨已知的技能	喜欢学习新技能,但掌握之后很容易就厌倦了
留意具体的、特定的事物,并进行细节描述	留意事物的整体概况、普遍规律及象征含义,用概括、隐喻等方式进行表述
循序渐进地讲述有关情况	跳跃性地展现事实
着眼于现实	着眼于未来,留意事物的变化趋势,惯于从长远角度看待事物
喜欢深度而不是广度(接受信息上)	重于广度而不是深度(接受信息上)

表 2-9 思维型(T)—情感型(F)

思维型(T)	情感型(F)
退后一步思考,对问题进行客观的、非个人立场的分析	超前思考,考虑行为对他人的影响
重视符合逻辑、公正、公平的价值,一视同仁	重视同情与和睦,重视准则的例外性
被认为冷酷、麻木、漠不关心	被认为感情过多,缺少逻辑性,软弱
认为坦率比圆通更重要	认为圆通比坦率更重要
只有当情感符合逻辑时,才认为它可取	无论是否有意义,认为任何感情都可取
被"获取成就"所激励	被"获得欣赏"所激励
很自然地看到缺点,倾向于批评	惯于迎合他人,着重维护人脉资源

表 2-10 判断型(J)—知觉型(P)

判断型(J)	知觉型(P)
做了决定后最为高兴	当各种选择都存在时,感到高兴
"工作原则":工作第一,玩其次(如果有时间的话)	"玩的原则":现在享受,然后再完成工作(如果有时间的话)
建立目标,准时完成	随着新信息的获取,不断改变目标
愿意知道将面对的情况	喜欢适应新情况
看重结果(重点在于完成任务)	看重过程(重点在于如何完成工作)
满足感来源于完成计划	满足感来源于计划的开始
把时间看作有限的资源,认真地对待最后期限	认为时间是可更新的资源,而且最后期限也是可以商量的

对照以上典型的行为特征,最后形成以下 16 种性格特征(见表 2-11)。每种性格特征都对应着相应的性格特征和典型行为,对照这些性格和行为特征可以对自己的性格或者他人的性格做出评价。

表 2-11 16种性格特征

类型名称	英文简称	类型名称	英文简称
内倾感觉思维判断	ISTJ	内倾感觉情感判断	ISFJ
内倾直觉情感判断	INFJ	内倾直觉思维判断	INTJ
内倾感觉思维知觉	ISTP	内倾感觉情感知觉	ISFP
内倾直觉情感知觉	INFP	内倾直觉思维知觉	INTP
外倾感觉思维判断	ESTJ	外倾感觉情感判断	ESFJ
外倾直觉情感判断	ENFJ	外倾直觉思维判断	ENTJ
外倾感觉思维知觉	ESTP	外倾感觉情感知觉	ESFP
外倾直觉情感知觉	ENFP	外倾直觉思维知觉	ENTP

MBTI只是提供了一种自我性格评价的方法,使人们认识到人与人之间的性格差异,同时具有较强的主观性,受个人自我认知的制约,其结果只能作为一种参考。

每个人的性格会随着时代发展、工作生活环境的改变而发生变化,表2-12列出了某文献对美国大学生性格的调查情况。

表 2-12 美国大学生性格情况调查表

类型	美国大学生性格调查						美国人口中该性格的占比
	女性	男性	总人数	女性人数占比	男性人数占比	该性格占比	
ENFJ	13	14	27	16.67%	10.00%	12.39%	2.5%
ENFP	5	23	28	6.41%	16.43%	12.84%	8.1%
ENTJ	7	31	38	8.97%	22.14%	17.43%	1.8%
ENTP	1	12	13	1.28%	8.57%	5.96%	3.2%
ESFJ	16	11	27	20.51%	7.86%	12.39%	12.3%
ESFP	6	5	11	7.69%	3.57%	5.05%	8.5%
ESTJ	7	12	19	8.97%	8.57%	8.72%	8.7%
ESTP	4	3	7	5.13%	2.14%	3.21%	4.3%
INFJ	6	6	12	7.69%	4.29%	5.50%	1.5%

续表

类型	美国大学生性格调查						美国人口中该性格的占比
	女性	男性	总人数	女性人数占比	男性人数占比	该性格占比	
INFP	1	1	2	1.28%	0.71%	0.92%	4.4%
INTJ	5	13	18	6.41%	9.29%	8.26%	2.1%
INTP	1	1	2	1.28%	0.71%	0.92%	3.3%
ISFJ	0	2	2	0.00%	1.43%	0.92%	13.8%
ISFP	0	1	1	0.00%	0.71%	0.46%	8.8%
ISTJ	6	5	11	7.69%	3.57%	5.05%	11.6%
ISTP	0	0	0	0.00%	0.00%	0.00%	5.4%

第五节 特质理论在中华优秀传统文化中的体现

通过对特质理论的学习，系统了解了特质理论的内容、优缺点、应用及评价。可以看出，西方学者对特质理论的研究比较系统全面，而且与实际应用结合较好，有的研究成果在实践中得到了验证。但就思想层面来讲，中华优秀传统文化中关于领导特质的文献不计其数，可以说是汗牛充栋。从孩童朗朗上口的《三字经》中的"人之初，性本善"，到儒家思想中的"仁义礼智信"，再到被西方有的学者称为"领导力的第一部著作"的《孙子兵法》，都不乏大量关于领导特质的描述。下面选取一些描述领导特质的中国经典文献，以便深入理解特质理论在中华优秀传统文化中的体现。

一、《孙子兵法》中的领导特质

《孙子兵法》由春秋末年吴国将军孙武所著，是我国古代流传下来的最早、最完整、最著名的军事著作，也是世界上最早的军事著作，早于德国克劳塞维茨所著的西方军事理论的经典《战争论》约2300年，被誉为"兵学圣典"。《孙子兵法》共有6000字左右，一共13篇，其中《始计第一》和《九变第八》分别介绍了将领的五个优秀特质和五个危险特质。

❖《始计第一》

孙子曰：兵者，国之大事，死生之地，存亡之道，不可不察也。故经之以五事，校之以七计，而索其情。一曰道，二曰天，三曰地，四曰将，五曰法。道者，令民于上同意，可与之死，可与之生，而不畏危也。天者，阴阳、寒暑、时制也。地者，远近、险易、广狭、死生也。**将者，智、信、仁、勇、严也。**法者，曲制、官道、主用也。凡此五者，将莫不闻，知之者胜，不知之者不胜。

【译文】

孙子说：战争，是国家的大事，它关系到军民的生死、国家的存亡，不能不慎重考察研究。因此要从五个方面进行认真的比较分析，从而了解敌我双方的真实情况，以此来预测战争的胜负。一是政治，二是天时，三是战场的地利，四是将领，五是严谨的军法。所谓"道"，就是从政治上使民众与君主的思想一致，这样，民众就能与君主同生死共患难，不会惧怕危险。所谓"天"，就是气候的阴晴、寒暑、四季节令的更替规律等。所谓"地"，就是指行程的远近、地势的险峻或平易，战地的广狭，是死地还是生地等。所谓"将"，就是看将领是否具备智、信、仁、勇、严五种素质。所谓"法"，就是指部队的组织编制制度、军官的职责范围规定、军需物资的供应管理制度等。对这五个方面，将领必须深刻了解。了解就能胜利，否则就不能取胜。

❖《九变第八》

故将有五危，必死可杀，必生可虏，忿速可侮，廉洁可辱，爱民可烦。凡此五者，将之过也，用兵之灾也。覆军杀将，必以五危，不可不察也。

【译文】

所以，将领有五个致命的弱点：蛮干死拼，可能招致杀身之祸；贪生怕死，则可能被俘；性情急躁易怒，可能受敌轻侮而失去理智；过分廉洁好名，矜于名节，可能会因羞辱引发冲动；爱民过甚，可能受不了敌方的扰民行动而不能采取正确的对敌行动。这五种情况，是将帅最容易出现的过失，也是用兵的灾难。军队覆灭，将领牺牲，必定是因为这五种危害，一定要认识到这五种危害的严重性。

二、"盗亦有道"的故事

《庄子》是战国中期思想家、哲学家、文学家庄周的代表作,他是继老子之后道家学派的代表人物,创立了华夏重要的哲学学派——庄学,与老子并称"老庄",他最早提出的"内圣外王"对儒家思想影响深远。

《庄子》一书介绍了盗跖的基本情况,最有意思的要属孔子和盗跖之间的辩论,盗跖还总结出要成为大盗的五个所谓"品质"。让大家知道这段历史的目的不是说盗跖这个人是个好人,而是想说明中华文化博大精深,不但有很多领导特质的描述,还有关于各类人的特质的精辟总结。

❖《庄子·杂篇·盗跖》

盗跖从卒九千人,横行天下,侵暴诸侯,穴室枢户,驱人牛马,取人妇女,贪得忘亲,不顾父母兄弟,不祭先祖。所过之邑,大国守城,小国入保,万民苦之。

【译文】

盗跖的手下有九千人,在天下横行霸道,侵凌诸侯各国。砸破人家的门户,掠夺人家的牛马,掳劫人家的妇女。贪图财物遗弃亲人,不顾念父母兄弟,不拜祖宗。他们所经过的城邑,大国就闭关守城,小国就躲进城堡,民众为此深感痛苦。

谒者入通。盗跖闻之大怒,目如明星,发上指冠,曰:此夫鲁国之巧伪人孔丘非邪?为我告之:尔作言造语,妄称文武,冠枝木之冠,带死牛之胁,多辞缪说,不耕而食,不织而衣,摇唇鼓舌,擅生是非,以迷天下之主,使天下学士不反其本,妄作孝弟而侥幸于封侯富贵者也。子之罪大极重,疾走归!不然,我将以子肝益昼晡之膳。

【译文】

传令官入内通报。盗跖听到此事大怒,双目圆睁亮如明星,怒发冲冠,说:"这不就是鲁国那个装腔作势的孔丘吗?替我告诉他:你花言巧语,胡说文王和武王的事情,头上戴着像树枝的帽子,腰缠宽宽的牛皮带,满口胡言乱语,不劳动、白吃饭,不织布、白穿衣,胡说八道,无端挑起是非,用以迷惑天下的君主,使天下的书生不务正业,装作孝悌,而侥幸得到官职和财富。你实在罪恶深重,快滚回去吧!不然,我要用你的肝当作午餐。"

孔子再拜趋走,出门上车,执辔三失,目芒然无见,色若死灰,据轼低头,不能出气。

【译文】

孔子再行个礼就快步离开了,出了门上了车,三次都没有拿起马缰,两眼发呆,什么也看不见,脸色如同死灰,扶着车前横木低下头去,喘不过气来。

❖《庄子·外篇·胠箧》

故跖之徒问于跖曰:"盗亦有道乎?"跖曰:"何适而无有道邪?夫妄意室中之藏,圣也;入先,勇也;出后,义也;知可否,知也;分均,仁也。五者不备而能成大盗者,天下未之有也。"

【译文】

因此盗跖的门徒问盗跖:"做强盗也有规矩和准绳吗?"盗跖回答说:"什么地方会没有规矩和准绳呢?能凭空推测出屋里藏着的财物,就是圣明;率先进入屋内,就是勇敢;最后退出屋子,就是义气;能知道可否采取行动,就是智慧;事后公平分赃,就是仁爱。不能具备以上五点,却成为大盗的人,天下是没有的。"

第三章 领导行为理论
Behavioral Theory

领导行为理论(Behavioral Theory)认为,领导力并非指领导者是哪一种人的问题,而是关于领导者做了什么的问题。

和特质理论强调领导者的个人性格特点不同的是,领导行为理论强调领导者的行为,关注领导者做什么和怎样做。在斯托格迪尔对领导特质的研究基础上,1946年,美国的俄亥俄州立大学(The Ohio State University)对领导行为理论进行了研究,研究者通过大量艰苦的实证,试图找到高效能领导者的行为特征。随后,密歇根大学(The University of Michigan)、美国管理学家布莱克(Robert R. Blake)和莫顿(Jane Mouton)都对领导行为理论进行了研究。20世纪最具影响力的、关于情商的书籍之一:《情商:为什么情商比智商更重要》(*Emotional Intelligence:Why It Can Matter More Than IQ*)的作者,美国哈佛大学心理学教授丹尼尔·戈尔曼(Daniel Goleman)在研究了3000多名高级管理人员后,指出正确的领导行为会对环境和结果产生积极影响,同时指出了六种领导风格,其研究成果《有成效的领导力》("Leadership That Gets Results")在《哈佛商业评论》(*Harvard Business Review*)发表后,成为哈佛商业评论历史上下载量最多的文章。下面简要介绍领导行为理论的相关内容。

第一节 领导行为理论的主要内容

一、俄亥俄州立大学和密歇根大学的研究成果

1957年前后,俄亥俄州立大学的研究者认为,关于领导特质的研究是不成功的,他们开始研究领导者的行为特征。他们设计了一个包括1800个项目和150个问题的清单,即领导行为描述问卷(The Leader Behavior Description Questionnaire，LBDQ），同时在教育界、军事界、企业界发放了几百份调查问卷，力图通过这些问卷总结归纳出领导者的行为特征。1963 年，斯托格迪尔对 LBDQ 进行了简化，形成的 LBDQ－XII 成为之后研究领导力时应用最广泛的调查问卷。通过对领导行为的研究，密歇根大学的研究者发现领导者的典型行为可以分为两种基本类型：定规型和关怀型。定规型领导行为是典型的任务导向，包括组织完成工作任务、规定工作内容、制订岗位职责和工作计划等；关怀型领导行为是典型的关系导向，包括建立友情、尊重、信任、领导者和追随者的联系等。在此基础上确认了四种领导风格（见图 3－1）：低定规高关怀型、高定规低关怀型、低定规低关怀型以及高定规高关怀型。在有些情境下，高定规是最有效的，但在另一些情境下，高关怀更有效。也有研究表明，相对来讲，高定规、高关怀是最好的。

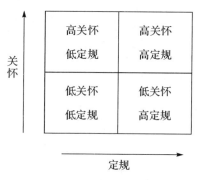

图 3－1　四种领导风格

密歇根大学对领导行为的研究主要聚焦在小型组织，重点研究领导行为对组织绩效的影响。根据研究结果，总结出两种领导行为，即员工导向和生产导向。生产导向强调工作技术和生产，工人被看作一种完成工作的手段；员工导向指领导者重视下属的个性，特别关注下属的个人需要。与俄亥俄州立大学研究结果不同的是：在早期，密歇根大学的研究者认为员工导向和生产导向是两种对立的领导行为，员工导向的领导者较少关注生产任务的完成，反之生产任务导向的领导者较少关注员工的需求，即"非此即彼"。1950—1960 年，俄亥俄州立大学和密歇根大学的研究者进行了大量的联合研究，研究的目的在于找出能够综合员工导向和生产导向的、比较通用的领导行为理论，但是最终的研究结果大部分都不太理想。

二、领导方格理论

在领导行为研究方面,较出名的是美国管理学家布莱克和莫顿提出的管理方格理论。管理方格理论后来被重新命名为领导方格理论,大量应用于领导力培训和发展项目。领导方格简单直观地表明了领导者对生产的关心程度和对人员的关心程度(见图 3-2),横坐标与纵坐标分别表示对生产和对人员的关心程度,每个方格表示"关注生产"和"关注人员"这两个基本要素以不同程度相结合的一个领导方式。对生产的关注表示为领导者关心完成组织的任务,例如政策的制定、新产品的开发、生产程序设计、劳动力、销售等等,对人员的关注包括建立组织的责任和信任、提升员工的个人价值、提供良好的工作环境、公平分配和建立良好的社会关系等。

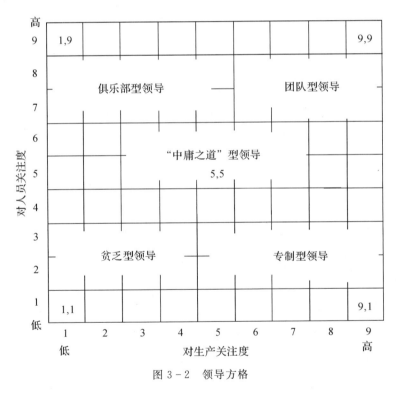

图 3-2 领导方格

根据领导方格的横坐标和纵坐标的分数就可以描述各种领导者的行为方式,主要有以下五种。

(一)专制型领导(Authority-compliance Management)

专制型领导者对工作极为关心,但忽略对人的关心,也就是不关心工作人员的需求和满足,并尽可能使后者不致干扰工作的进行。这种领导者拥有很大的权力,强调有效地控制下属,努力完成各项工作,体现领导者的权威,要求追随者顺从。

(二)俱乐部型领导(Country-club Management)

俱乐部型领导者对人极为关心,也就是关心工作人员的需求是否获满足,重视搞好关系,强调同事、下属同自己的感情,但忽略工作绩效。

(三)贫乏型领导(Impoverished Management)

贫乏型领导者对工作和人都极不关心,只做维持自己职务最低限度的工作,也就是只要不出差错,多一事不如少一事,因而被称为"贫乏型领导"。

(四)"中庸之道"型领导(Middle-of-the-road Management)

"中庸之道"型领导者既不偏重于关心生产,也不偏重于关心人,风格中庸,不设置过高的目标,乐意保持现状,因而被对中国传统文化了解不深的西方学者称为"中庸之道"型领导风格。之所以笔者给中庸之道加上了双引号,是因为中国传统文化博大精深,有的文献我们自己也理解得不够深入、全面,那么有些西方学者对中华优秀传统文化不能准确认知,也在常理之中。

(五)团队型领导(Team Management)

团队型领导者对工作和对人都极为关心,使组织的目标与个人的需求最有效地结合起来,既高度重视组织的各项工作,又通过沟通和激励使下属共同参与管理,积极工作成为组织成员自觉自愿的行为,因此组织的工作效率较高。

除了以上典型的五种领导行为外,布莱克和他的同事还总结了另外两种领导行为:一个是父爱/母爱型领导,这种领导者像"父亲般"或者"母亲般"对待自己的追随者;另一种是机会主义型领导,这种领导者会不断改变或者调整自己的领导方式,最终是为了维护自己的利益。

应该指出,上述五种典型的领导行为,也仅仅是理论上的描述,都是一种极端的情况。在实际工作中,很难会出现纯之又纯的典型领导方式。布莱克和穆顿在1985年指出,人们通常有一种占主导地位的领导行为和一种辅助型的领导行为,主导地位的领导行为是领导者经常使用或者一贯表现的风格,辅助型的领导行为是指当常用的方法不能完成任务时,领导者可能会根据情境的变化使用其他的方法。也有研究表明,这五种领导行为中最好的是团队型领导,其次是专制型领导,再次是"中庸之道"型领导,再次是俱乐部型领导,最差是贫乏型领导。实际上,随着对领导力学习的推进,我们会更加深入地了解到领导行为只有与环境、目标、追随者等关键因素相匹配时,才会产生比较好的组织绩效。

另外,领导行为理论为领导者提供了一面镜子,通过这面镜子能帮助领导者经常反思一个问题:"作为一个领导者,我该采取哪种领导方式,我做得如何?"

三、六种领导风格

美国哈佛大学心理学教授丹尼尔·戈尔曼从20000名世界范围的行政管理人员中选取了3871名人员进行了研究,最后总结归纳出六种领导风格。每种领导风格都有不同的领导方式、典型话语和应用场景,最终对组织氛围的影响也不尽相同。

(一)专制型(Coercive)领导风格

这种领导风格的典型话语是"严格按照我说的去做"。领导者会告诉追随者"干什么、怎么干",要求追随者顺从自己的想法,如果追随者不顺从就会得到领导者的批评。在面对新入职的员工或者面对紧急事件时,专制型领导风格会收到较好的效果。专制型领导风格的缺点是不能调动追随者的工作主动性,追随者在组织中的存在感和主人翁意识会受挫。

(二)权威型(Authoritative)领导风格

这种领导风格的典型话语是"我们的愿景在那里,我们共同努力"。领导者会描绘出一个宏大的愿景,每个员工都能从这个愿景中看到自己的努力方向,并为了完成这个愿景而尽心尽力。权威型领导风格是六种领导风格中最有成效的一种,它的核心是构建一个共同愿景,让每个追随者都能看到光明和希望。它的缺点是当领导者过分追求自己的想法,而追随者不能完全理解领导者的愿景或者意图的时候比较危险,追随者会有"理想很丰满,现实很骨感"的感觉。

(三)亲和型(Affiliative)领导风格

这种领导风格的典型话语是"你好吗?"领导者会营造出一种温暖、和谐的关系,亲和型领导风格总的来说能产生积极影响,因而在各种环境中均适用,特别是在提高员工士气、增强交流与沟通或者修复信任时能发挥作用。在使用亲和型领导风格时一定要把握好度,过度使用可能会对领导者的决策带来不利影响,领导者对错误行为的批评或因考虑到关系而受到影响,同时过度使用也会让追随者产生不真实的感觉。

(四)民主型(Democratic)领导风格

这种领导风格的典型话语是"大家都发表意见,我们共同决策"。领导者会通过鼓励下属参与,最后共同形成决策方案。这种领导风格的最大优点是能够调动追随者的工作积极性,为员工发挥主动性、创造性搭建一个良好的平台,员工的归属感较强。它的缺点是效率低下,在处理紧急突发事件时不能使用这种领导风格。另外,当决策参与人员的认识水平和信息拥有量不平衡时,决策的科学性可能会受到影响。

(五)领跑型(Pacesetting)领导风格

这种领导风格的典型行为是"对自己要求非常严格,以身作则"。领导者总是身先士卒,和团队成员一起完成任务。对工作要求很高,富有激情,甚至凌晨2点给下属发送邮件,用自己的实际行动更好、更快、更有效率地完成工作任务,同时希望追随者和自己一样精益求精、快速行动,要求身边的每个人都做得同样出色。它的缺点是,当追随者的表现达不到这种高标准的时候,领导者可能就把工作任务拿回来自己做,这样会造成组织的氛围比较压抑,一些追随者的积极性会因此受到影响。

(六)辅导型(Coaching)领导风格

这种领导风格的典型话语是"你试一下"。领导者的目标是长期的、以培养员工为导向的,领导者是以人为本的。领导者会和存在问题或者遇到困难的追随者深入谈心,帮助他们分析问题,但是一般不会先入为主给出答案,而是让追随者自己去认识、分析问题,同时鼓励追随者尝试自己解决问题。领导者也能容忍追随者尝试失败的后果,如果失败,鼓励追随者及时总结经验,提升自己。这种领导风格在营造组织良好氛围和构建核心竞争力方面的有效性是显而易见的,如果你对追随者投入很多,那么追随者会用更好的表现来回报。有研究显示,当遇到缺乏自信、成就动机不强或者没有太多追求的追随者时,这种领导风格效果不好。

表 3-1 列出了六种领导风格在领导方式、领导者偏爱的方法、典型话语、应用场景和对组织氛围的影响等方面的对比分析。

表 3-1 六种领导风格的对比

	领导方式	领导者偏爱的方法	典型话语	应用场景	对组织氛围的影响
专制型（Coercive）	强迫	要求立即遵从	按照我说的做	危机时刻、开始转变和面对问题员工时	消极的
权威型（Authoritative）	能力	鼓励追求愿景	跟我来	当组织需要一个明晰的发展方向时	最积极的
亲和型（Affiliative）	关系	创造和谐关系	人是第一位的	修复裂痕或者在压抑的环境下	积极的
民主型（Democratic）	协商	共同参与达成共识	你是怎么想的?	建立认同或共识时	积极的
领跑型（Pacesetting）	示范	制定高的工作标准	像我一样,跟上我	领导工作积极性高、能力强的团队时	消极的
辅导型（Coaching）	建议	培养未来的人	试一试	帮助员工提升能力和发展长期优势	积极的

需要说明的,一是正确的领导风格非常重要,当一种特定的领导风格在正确的时间、正确的情景被适度地使用时,它可能是非常有效的。但选择错误的领导风格,或者过度使用或使用不足的领导风格可能会对组织氛围和绩

效产生负面的影响。哈佛大学和合益集团进行的一项研究显示,领导风格对组织氛围的影响程度达到70%,而组织氛围对组织绩效的影响程度达到30%。二是领导风格没有好坏之分,在不同的环境下、针对不同的追随者、面对不同的任务,要采取不同的领导风格。丹尼尔·戈尔曼曾经说过"要成为卓有成效的领导人,你必须能在截然不同的领导风格之间灵活切换"。三是领导风格要让追随者评价。有的领导者觉得自己是典型的辅导型领导风格,但是追随者民主评价时却认为他是专制型领导风格。领导者要与追随者深入沟通,全面掌握和客观评估自己领导风格的有效性,并根据追随者的情况、组织的实际和工作任务及时调整自己的领导风格。

第二节 领导行为理论的优缺点

一、领导行为理论的优点

1. 领导行为理论开启了领导力理论研究的新进程

在领导行为理论之前,关于领导力的研究重点聚焦在领导特质方面,领导行为理论把研究的重点放在领导者的行为方面,让领导者能够深刻思考自己的行为对组织的影响,同时也让追随者通过观察、模仿、认识领导行为来提升自己的领导力。

2. 领导行为理论以大量实证作为支撑

从俄亥俄州立大学、密歇根大学的研究,到丹尼尔·戈尔曼总结、归纳的六种领导领导风格,都是在对领导者或者管理人员进行大量实证研究的基础上提出来的,这为深入理解领导力提供了基于客观分析的有力支撑。

3. 领导行为理论的概念清晰易懂

领导行为理论确定了两种主要的领导行为:任务导向和人员导向,其实,当领导力发生的时候,任务导向和人员导向的领导行为是同时发生的。对于一个有效的领导者来讲,关键是结合形势的变化和组织的实际,并平衡好两者的关系,这也为领导者反思自己的领导行为和评价自己的领导效益提供了重要参考。

二、领导行为理论的主要缺点

领导行为理论存在不确定性,在领导行为的描述上也缺乏精确性,不能有效解释组织绩效与领导行为之间的关系。另外,领导行为理论也没有给出一套普遍成功的领导行为标准。

第三节 领导行为理论的应用

今天,虽然领导行为观念已被整合到其他理论当中(如权变理论、变革型领导理论),但是领导行为理论在领导力的研究、教育和培训项目中仍得到广泛应用。就领导者而言,可以通过评价自己的领导行为,发现更加有效的领导行为,从而不断改变自己的领导行为以取得更好的组织绩效。就大学生来讲,可以通过观察优秀领导者的行为,纠正自己的不当行为,优化自己的行为,从而提升自己的素质和能力。通过查阅有关研究文献,笔者发现美国等国家在中小学校就按照领导行为理论的要求,教育引导学生形成良好的行为习惯,改掉不好的行为习惯。就领导力的培养和发展而言,以改善领导行为为目标实施培训和教育是最直接的方式,也是最容易评估、测量教育培训效果的方式。因此,在许多领导力培训项目和组织领导力解决方案中,不管这些项目或者组织用什么样的领导力理论作为指导,最终项目组织者都会给出一系列以领导行为作为主要内容的领导力改进或者发展目标体系。领导力培训中最常用的一个应用就是通过领导行为问卷来评价领导者的领导风格。

认真阅读领导行为问卷的每一个问题,圈出表示相应态度的数字,其中,1——坚决不同意;2——不同意;3——中立;4——同意;5——强烈同意(见表3-2)。

表3-2 领导行为问卷

序号	问题	选项				
1	员工需要进行严格监督,他们不太喜欢做自己的工作	1	2	3	4	5
2	员工想参与决策的过程	1	2	3	4	5
3	公平地讲,一般情况下多数员工比较懒惰	1	2	3	4	5
4	提供没有压力的指导是成为好领导的关键	1	2	3	4	5
5	奖励或者惩罚员工是调动员工积极性的一条规则	1	2	3	4	5
6	多数员工喜欢从领导那里得到支持性的交流	1	2	3	4	5
7	大多数员工对自己的工作没有安全感,需要指导	1	2	3	4	5
8	领导需要帮助员工树立完成工作的责任心	1	2	3	4	5

续表

序号	问题	选项				
9	领导是员工表现的首席裁判员	1	2	3	4	5
10	领导最重要的工作是帮助下属找到自己的"激情"	1	2	3	4	5
11	有效的领导要给出命令和清晰的程序	1	2	3	4	5
12	员工基本能够胜任工作,都会很好地完成工作任务	1	2	3	4	5

得分计算如下:选择数字 1~5 分别得 1~5 分。对奇数项的得分求和是权威型领导风格的得分,对偶数项的得分求和是民主型领导风格的得分,得分代表了领导风格的倾向程度。

另外,做决策是体现领导风格的主要行为,通过观察领导者做决策的行为可以区分权威型领导风格和民主型领导风格。表 3-3 描述了从权威型领导风格到民主型领导风格的领导者做决策时的典型行为方式。

表 3-3 领导风格过渡的典型行为

领导风格的过渡	做决策时的典型领导行为
权威型领导风格	领导者做出决策并马上宣布
	领导者决定适当的决定并"推荐"给下属
↓	领导者提出问题和自己的想法
	领导者做出初步决定,但是可以做合理的改变
	领导者提出问题,收集意见和建议,然后决策
	领导者描述问题,经过下属讨论提出意见后决策
民主型领导风格	领导者定义问题的性质,邀请大家一起寻求解决方案

第四节 领导行为的评价

对领导行为的评价有很多量表,下面给出一个广泛应用的领导行为评价量表。类似于前面提到的领导行为描述问卷。这个量表由 20 个问题组成,你需要仔细阅读每个项目,想想自己(或者你所评估的领导)对问题的认可程度(所评估领导的行为符合程度),同时给出 1~5 分的分值:1 分——从不;2 分——很少;3 分——偶尔;4 分——经常是;5 分——总是(见表 3-4)。

表 3-4 领导行为评价量表

序号	问题	分值				
1	告诉小组成员他们应该做什么	1	2	3	4	5
2	与团队成员友好相处	1	2	3	4	5
3	为团队成员制定绩效标准	1	2	3	4	5
4	使团队成员感到舒适	1	2	3	4	5
5	对如何解决问题提出建议	1	2	3	4	5
6	对他人的建议给予积极的回应	1	2	3	4	5
7	让他人明白自己的观点	1	2	3	4	5
8	公平待人	1	2	3	4	5
9	为小组制订行动计划	1	2	3	4	5
10	用一种可以预见的方式对待团队成员	1	2	3	4	5
11	定义每个组员的职责	1	2	3	4	5
12	与组员积极沟通	1	2	3	4	5
13	明确组员在团队中的角色	1	2	3	4	5
14	关心他人的幸福	1	2	3	4	5
15	提供如何完成工作的计划	1	2	3	4	5
16	在做决定时表现出灵活性	1	2	3	4	5
17	对团队期望提出原则	1	2	3	4	5
18	向团队成员透露想法和感受	1	2	3	4	5
19	鼓励小组成员做高质量的工作	1	2	3	4	5
20	帮助小组成员彼此和睦相处	1	2	3	4	5

这个行为量表用于测量两种主要行为：任务导向领导行为和关系导向领导行为。通过以下步骤评分：首先，对奇数项的得分求和，这是你的任务导向领导行为的分数；其次，对偶数项的得分求和，这是你的关系导向领导行为的得分。

任务得分：_____   关系得分：_____

评分解释：

45～50 分　非常高

40～44 分　高
35～39 分　中高
30～34 分　中低
25～29 分　低
10～24 分　非常低

"任务得分"反映你(或者领导者)帮助他人了解自己的角色定位,让他人知道对他们的期望是什么,代表你(或者领导者)领导风格的任务倾向程度。"关系得分"是衡量下属对自己、对彼此和团队感到满意的程度,也代表你(或者领导者)领导风格的关系倾向程度。

如果你是团队的领导者,也可以先进行自我评价,然后让追随者进行评价,将两者进行对比,寻找其中的差异,找出这些差异的原因。这样你就可以更加清晰地了解自己领导风格的倾向,通过改变或者维持自己的领导风格实施更加有效的领导行为。

第五节　领导行为理论在中华优秀传统文化中的体现

在中国古代文学典籍中,关于治国理政的著作占有相当的比例,比如法家侧重于政治领域,以《韩非子》为代表;兵家侧重于军事领域,以《孙子兵法》为代表;纵横家侧重于外交领域,以《鬼谷子》为代表。但是,合三家之精髓,集三家之大成的一本书,当推唐代赵蕤的《长短经》。在《长短经·德行·臣行第十》中,赵蕤描述了六种正臣和六种邪臣的典型行为。

一、六种正臣的典型行为

(1)夫人臣萌芽未动,形兆未见,昭然独见存亡之机,得失之要,豫禁乎未然之前,使主超然立乎显荣之处,如此者,圣臣也。

【译文】

当官的,如果能在天下大事还处在萌芽阶段,没有形成规模的时候,局势的兆头还没有显现的时候,就独具慧眼,知道哪些事可做,哪些事不可做,存亡、得失的关键都事先看得到、把握得住。在大火燃烧起来之前就能预先防止,使君王超然独立,永远站在光荣伟大的一面。这样的大臣,堪称圣臣。

(2)虚心尽意,日进善道;勉主以礼义,谕主以长策;将顺其美,匡救其恶。

如此者,大臣也。

【译文】

谦虚谨慎、尽心竭力为君主办事,经常思索好的治国之道向君主建议,勉励君王恪守礼仪、勤政爱民;劝说君王眼光远大,胸怀大志,使其英明正确的地方更英明、更正确;对其不良的作风,有害的习惯千方百计加以纠正、挽救,能做到这些的,就是大臣。

(3)夙兴夜寐,进贤不懈,数称往古之行事,以厉主意。如此者,忠臣也。

【译文】

早起晚睡,废寝忘食,不懈地为国家推荐、选拔人才,博学多识,精通历史,经常引证历史经验启发激励君主。能做到这些的才是忠臣。

(4)明察成败,早防而救之,塞其间,绝其源,转祸以为福,君终已无忧。如此者,智臣也。

【译文】

深谋远虑,明察秋毫,清楚成功、失败的机枢在哪里,并能事先预防,采取补救的办法,堵塞某一国策实施的漏洞,把可能导致失败、动乱的因素提前消灭了,转祸为福,转危为安,使君主自始至终不必忧虑。能这样做的是智臣。

(5)依文奉法,任官职事,不受赠遗,食饮节俭。如此者,贞臣也。

【译文】

奉公守法,以身作则,忠于职守,勇于负责,为民众出了力、办了事不接受贺礼,清正廉洁,勤俭朴素。能这样做的是贞臣。

(6)国家昏乱,所为不谀,敢犯主之严颜,面言主之过失。如此者,直臣也。

【译文】

当君主昏庸、国家离乱的时候,对上不拍马屁,不阿谀奉承,而且敢冒犯昏君的龙颜,在群臣唯唯诺诺的时候,敢当面指出昏君的过错。能这样做的,就叫作直臣。

二、六种邪臣的典型行为

(1)安官贪禄,不务公事,与世沉浮,左右观望,如此者,具臣也。

【译文】

贪得无厌,不务正业,苟且偷生,没有立场,这样的臣子,是具臣。

(2)主所言皆曰"善",主所为皆曰"可",隐而求主之所好而进之,以快主之耳目。偷合苟容,与主为乐,不顾后害,如此者,谀臣也。

【译文】

君主说的话都是好的,君主的行为都是对的,只会趋炎附势,助长君主的逸乐,不顾严重后果,这样的臣子,是谀臣。

(3)中实险诐,外貌小谨,巧言令色,又心疾贤。所欲进则明其美,隐其恶;所欲退则彰其过,匿其美,使主赏罚不当,号令不行,如此者,奸臣也。

【译文】

内心阴险,外表拘谨,八面玲珑,嫉贤妒能,要想提拔谁,就只说好的,隐瞒过失,要想排挤谁,就夸大他的缺点,掩盖他的优点,致使君主赏罚不明,下达的命令又不被执行,这样的臣子,是奸臣。

(4)智足以饰非,辩足以行说,内离骨肉之亲,外妒乱于朝廷,如此者,谗臣也。

【译文】

凭着自己的机巧辩才,掩过饰非,对内离间骨肉之情,对外制造朝廷混乱,这样的臣子,是谗臣。

(5)专权擅势,以轻为重;私门成党,以富其家;擅矫主命,以自显贵,如此者,贼臣也。

【译文】

专权霸道,不可一世,私结友党,聚敛财富,伪造君主的诏令,以显贵自居,这样的臣子,是贼臣。

(6)谄主以佞邪,坠主于不义,朋党比周,以蔽主明,使白黑无别,是非无闻;使主恶布于境内,闻于四邻,如此者,亡国之臣也。

【译文】

在君主面前阿谀奉承,鼓动、促使君主往邪路上走,结党营私,互相包庇,欺上瞒下,不让君主了解真实情况,使上上下下黑白不分、是非不辩;暗地里宣扬君主的过失,闹得民众都知道。这种臣子就是"亡国之臣"。

第四章 权变理论
Contingency Theory

所谓权变理论,简而言之,就是领导行为要与情境、任务结构、自己的职位和追随者的情况相匹配。有的学者把权变理论归入领导行为理论,认为权变理论也是研究领导行为的理论。但从实质来讲,领导行为理论重点关注的是领导者,权变理论实现了从重点关注领导者的特质和行为向比较全面关注领导力各种要素的转变。我们将菲德勒权变理论、情境领导理论和路径-目标理论统称为"权变理论",这三个理论都是研究领导者的领导风格、行为与领导力中其他要素之间的关系,强调领导风格要与领导情境相匹配,都有"权变"的含义。在这些研究成果中,美国当代著名心理学家、管理学家菲德勒(Fiedler)提出的"有效领导的权变模式"得到了比较广泛的认同。

第一节 权变理论的主要内容

权变理论主要研究与领导行为有关的情境因素对领导效果的潜在影响,重点强调在不同的情境下要采取不同的领导行为,不同的领导行为会给组织绩效带来不同的影响。20世纪70年代,研究者对领导力理论的研究不再只考虑领导者本身与领导行为,开始涉及外部环境,出现了研究领导行为与情境等要素相结合的理论成果,权变理论进入了蓬勃发展时期,就像美国著名管理学者孔茨等在1984年出版的《管理学(第八版)》中曾提及:"权变管理理论,像暴风雨般席卷着当时的管理学学者。"进入21世纪,权变管理理论被广泛地运用于组织、领导、计划、决策等管理领域,相关的理论研究和实践也取得了丰硕的成果,并作为基本的管理原则受到管理界的普遍认可和运用。

下面介绍三种典型的权变理论:以菲德勒为代表的有效领导权变理论(Contingency Theory)、赫西(Hersey)和布兰查德(Blanchard)提出的情境领导理论(Situational Leadership Approach II,SLII)、埃文斯(Evans)和同事豪斯(House)提出的路径-目标理论(Path-Goal Theory)。这三种典型的权变理论都认为领导行为要与领导情境相匹配,但是关注的重点却不一样(见表4-1)。

表 4-1 三种典型的权变理论关注的重点

理论名称	关注的重点
菲德勒权变理论	领导行为和领导者与成员的关系、任务结构以及职位权力的关系
情境领导理论	领导行为与下属发展程度的关系
路径-目标理论	领导行为与下属特点、任务特点的关系

一、菲德勒权变理论

菲德勒经过15年的调查研究,通过观察在不同情境下领导者的行为,特别是军事组织中几百位领导者的行为,分析哪些是好的行为、哪些是坏的行为,最终形成和发展了权变理论。菲德勒权变理论关注的重点是领导行为和环境,它提供了一个领导行为和情境相匹配的框架。

(一)领导行为

在菲德勒权变理论中,领导行为被描述为任务导向型(Task-motivated)和关系导向型(Relationship-motivated)两种。为了度量这两种领导行为,菲德勒开发了最难共事者量表(LPC)(见表4-2)。LPC 从18个方面测试了领导者见到最难共事(或者最不喜欢)者的反应。该量表的每项评价会给出一个程度分值,总体得分用以衡量领导者的领导方式是任务导向型,还是关系导向型。LPC 分值高者是关系导向型,LPC 分值低者是任务导向型。需要说明,不论 LPC 分值高低,都只是领导风格不同而已。在不同的环境下,各有其适用性。

表 4-2 LPC 量表

序号	反应	分值								反应
1	愉快的	8	7	6	5	4	3	2	1	不愉快的
2	友好的	8	7	6	5	4	3	2	1	不友好的
3	拒绝的	1	2	3	4	5	6	7	8	接受的

续表

序号	反应			分值					反应
4	紧张的	1	2	3	4	5	6	7	8	轻松的
5	保持距离的	1	2	3	4	5	6	7	8	亲近的
6	冷漠的	1	2	3	4	5	6	7	8	温暖的
7	支持的	8	7	6	5	4	3	2	1	敌对的
8	厌烦的	1	2	3	4	5	6	7	8	有兴趣的
9	爱争斗的	1	2	3	4	5	6	7	8	和睦的
10	沮丧的	1	2	3	4	5	6	7	8	兴奋的
11	开放的	8	7	6	5	4	3	2	1	封闭的
12	背后说坏话的	1	2	3	4	5	6	7	8	忠诚的
13	不值得信任的	1	2	3	4	5	6	7	8	值得信任的
14	考虑周到的	8	7	6	5	4	3	2	1	考虑不周的
15	令人厌恶的	1	2	3	4	5	6	7	8	美好的
16	同意的	8	7	6	5	4	3	2	1	不同意的
17	不真诚的	1	2	3	4	5	6	7	8	真诚的
18	仁慈的	8	7	6	5	4	3	2	1	不仁慈的

评分说明：想想和你一起工作时感觉最不好的人，他可能是你现在的同事，也可能是你过去认识的人。描述这个人在你看来是什么样子，然后圈出各项的相应分值。

总体LPC分值是18个项目给出的分值之和。如果你的总体LPC分值是57或更低，表明你是任务导向型领导风格。如果分值在58~63之间，那么你是任务和关系导向并重的领导风格。如果分值在64或以上，说明你是关系导向型领导风格。

（二）环境变化因素(Situational Variables)

菲德勒权变理论把环境因素分为三类：领导者与成员之间的关系、任务结构、职位权力（见图4-1）。

1. 领导者与成员之间的关系(Leader-Member Relations)

领导者与成员之间的关系由组织氛围和追随者对领导者的满意程度、忠诚程度和吸引力组成。如果组织的氛围非常积极、正面,追随者对领导者很信任、很喜欢,也很愿意跟随领导者,那么领导与成员的关系就是好的,反之就是不好的。

2.任务结构(Task Structure)

任务结构代表了工作任务的复杂程度和清晰程度。一个任务若满足以下4个条件就被认定为高结构任务:执行任务的人员清晰地知道任务的需求、完成任务的方法比较单一、任务的目标非常清晰、正确解决任务的方案数量是有限的。任务全不满足或者部分不满足以上4个条件依次为程度不同的低结构任务。

3.职位权力(Position Power)

职位权力代表的是领导者在组织的职位上拥有的权威和权力的强弱,如果领导者在决策时或者在人员聘用、解聘或者工资调整等方面拥有较大的权力,那么这个领导者的职位权力就比较大,反之就是职位权力较小。

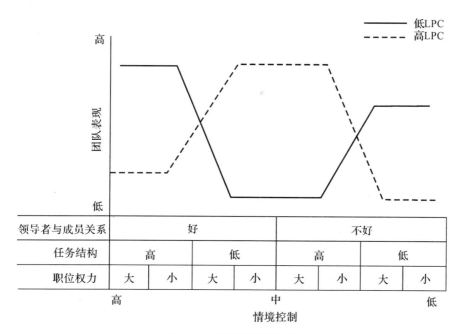

图 4-1 菲德勒权变模型

以上三个因素就构成了环境变化的主要因素,当领导者与成员关系好、任务结构高、职位权力大的时候,这个组织的环境就是有利的。反之,当领导者与成员关系坏、任务结构低、职位权力小的时候,组织环境被认为是不利的。介于有利和不利之间的环境为中间程度。

根据菲德勒的研究,发现 LPC 和环境变化因素存在以下规律:在非常有利和非常不利的组织环境下,任务导向的领导风格(LPC 得分比较低)对提升组织绩效非常有效;在中间程度的组织环境下,关系导向的领导风格(LPC 得分比较高)对提升组织绩效非常有效。

二、情境领导理论

1969 年,赫西和布兰查德在他人研究成果的基础上提出了情境理论(Situational Approach)。1985 年,布兰查德和其他人一起建立了情境理论的图形模型,即情境领导理论Ⅱ(Situational Leadership Approach Ⅱ,SLⅡ)模型。

简单来说,情境领导理论强调领导者要让自己的领导风格与下属的成就能力、成就意愿相匹配。为了更好地理解情境领导理论,SLⅡ模型把情境领导理论分为两个维度:领导风格和下属的发展程度。

领导风格方面,按照指令型行为(Directive Behavior)和支持型行为(Supportive Behavior)两个维度分为四种领导行为:指令型(高指令、低支持)、辅导型(高指令、高支持)、支持型(低指令、高支持)和授权型(低指令、低支持)。

下属的发展程度方面,根据下属的成就能力和成就意愿分为四个发展层次,分别为 D1~D4,D1 为发展程度低的员工,D4 为发展程度高的员工。情境领导理论研究结果表明,对 D1、D2、D3、D4 四个层次的员工应采取与员工发展程度相适应的领导风格。具体为,对于 D1 层次的员工,他们的能力较低,一般为新进员工,这时候要采取指令型领导风格,明确告知工作标准、内容和方法;随着员工能力的发展,到了 D2 层次后员工的能力有了提升,这时候要采取辅导型领导风格,既保持高指令的风格,也对员工的成绩及时给予支持,让员工充满信心;D3 层次的员工能力进一步提升,这时候领导者要尽量少下指令,多采取支持的方式,让员工大胆创新,采取支持型领导风格;D4层次的员工能力最强,这时候领导者要少表示支持,也少发布指令,采取授权型领导风格,让员工在授权范围内独立自主地完成工作(见图4-2)。

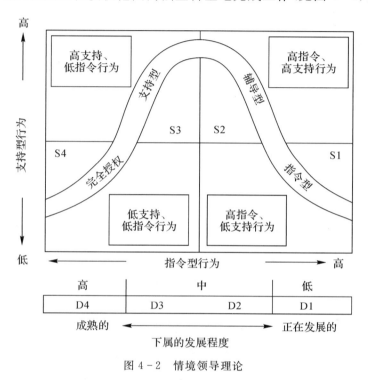

图4-2 情境领导理论

三、路径-目标理论

1970年前后,埃文斯(Evans)、豪斯(House)和德斯勒(Dessler)先后提出了路径-目标理论。与权变理论强调领导风格要与情境因素变化相匹配、情境领导理论强调领导风格要与下属的发展程度相适应不同的是,路径-目标理论重点研究领导行为与下属特点、工作特点之间的关系。根据下属特点和工作特点,领导者可以采取指令型、支持型、共同参与型和成就导向型的领导风格,从而帮助下属解决问题,激励下属完成工作目标,提升下属的成就感和满意度。我们在权变理论的应用中将详细介绍领导行为和下属特点、工作特点的关系,这里不再赘述。

第二节 权变理论的优缺点

一、权变理论的优点

1. 权变理论拓展了领导力研究的新领域

从领导力研究的进程看,从无论是特质理论还是行为理论,都是针对领导者进行的。权变理论是第一个强调情境对领导者影响的领导力理论,除了关注领导者的领导风格外,还对有效领导的情境进行了研究,研究的对象从单纯关注领导者,发展到既关注领导者也关注追随者和情境变化,拓展了领导力研究的领域。

2. 权变理论以大量实证作为支撑

权变理论的研究结果是基于大量的经验、问卷调查或者访谈的,研究结果在实践中得到了验证,权变理论在指导并实施领导行为方面是有效的和值得信赖的。

3. 权变理论为选拔领导者和领导者适应新岗位提供了参考

权变理论强调领导者的领导风格要与情境相匹配。对于人力资源部门来讲,在选拔领导者时要根据情境的需要来确定人选,要做到以岗选人、人岗相适;对于领导者个人来讲,要清楚地知道自己的领导风格应随着情境的不同而有所变化,特别是到了新单位和新岗位,领导者要根据新单位或新岗位的要求,及时调整自己的领导风格。

二、权变理论的缺点

权变理论也存在一些缺点和局限。首先,它没有充分揭示领导风格和情境之间联系的原因,未能充分解释领导风格和组织绩效之间的机理和原因,菲德勒将其称为"黑匣子"问题。权变理论给出了结论,但是不能很好地解释为什么任务导向型领导风格能在极端环境下更有效,而关系导向型领导风格在适中的环境中更有效。其次,权变理论的研究严重依赖 LPC,而 LPC 的客观性和准确性在实践中不容易保证。最后,权变理论并没有说明当领导者和情境不匹配时应该如何解决,而是强调把领导者放到合适的情境,提倡改变情境以适应领导者的领导风格,这对于领导者综合素质的提升和多种领导风格的培养是不利的。

第三节　权变理论的应用

在介绍权变理论的主要内容时,已经讲了菲德勒权变理论的应用。下面重点介绍路径-目标理论的应用。路径-目标理论强调领导者要根据下属特点和工作特点来选择自己的领导风格,表4-3列出了领导者的领导风格、下属特点和工作特点之间的关系。

表4-3　领导风格、下属特点与工作特点三者的关系表

领导风格	下属特点	工作特点
指令型	教条主义 服从权力	不明确 规则不清楚 复杂的
支持型	不满意的 需要亲和力 需要关心	重复性 没有挑战性 平凡的
参与型	自主性强 需要控制 需要说明清楚	不明确 不清楚 非结构化
成就导向型	高期望 出色的表现	不明确 挑战性 复杂的

从表4-3可以看出,当下属特点是教条主义和服从权力,工作特点不明确、规则不清楚和复杂的情况下,指令型的领导风格是最合适的。其他几种情形就不再详细说明。

在实际工作中,权变领导理论也有比较广泛的应用。当面对一个新员工时,领导者要很明确地告诉他做什么、怎么做,并设定相应的工作标准。当面对一个比较成熟的员工时,要充分授权,这样不但能调动员工的积极性,还能充分发挥员工的能力和水平,提升组织绩效。

对领导者来讲,在做决策、用人、推动工作等行为中要充分考虑所领导组织的情境和发展阶段,根据不同的情境采取不同的领导风格。在新时代、全球化和科技快速发展的背景下,领导者要认识到大部分组织是一个多因素复

杂动态系统,影响组织情境的关键要素随时随地都处于变化之中。一位优秀的领导者,应该准确把握组织情境,根据领导对象的不同,在不同情境下使用不同的领导方式,并随着组织的发展和变化及时改变自己的领导风格,这样才能实施更加有效的领导。

第四节　领导权变的评价

应用好权变理论的前提是要对情境因素(包括下属特点、工作特点等)有准确和客观的认识,下面介绍一个领导者自我评价量表,这个量表重点在于评价领导者对下属特点的认识程度。

认真阅读以下关于下属认识程度的每一个评价问题并给出自己的认可程度,其中,DS——坚决不同意;D——不同意;N——中立;A——同意;AS——强烈同意(见表4-4)。

表4-4　领导者自我评价量表

序号	问题	评价				
1	员工在委以重任之前要进行全面的训练	DS	D	N	A	AS
2	员工的知识越多,就不需要过多给他(她)讲述工作目标	DS	D	N	A	AS
3	对于焦虑的团队成员来讲,"手把手"不是一种好的领导技巧	DS	D	N	A	AS
4	鼓舞士气的讲话会吸引所有级别的员工	DS	D	N	A	AS
5	作为领导,我会在监督能力最强的员工方面使用最少的时间	DS	D	N	A	AS
6	最好不要花太多精力去监督没有热情的员工	DS	D	N	A	AS
7	一个有效的领导者会按照种类和数量把工作平等授权给团队成员	DS	D	N	A	AS
8	即使是最高效的员工也需要不断的安全承诺和情感支持	DS	D	N	A	AS
9	当发现员工看起来没有安全感和焦虑时,我会给他(她)特别的指导和引导	DS	D	N	A	AS
10	对相当有能力的员工需要相对较少的领导和监督	DS	D	N	A	AS

以上问题的分值计算,见表 4-5。

表 4-5 领导者自我评价量表得分对照表

序号	问题	得分				
		DS	D	N	A	AS
1	员工在委以重任之前要进行全面的训练	1	2	3	4	5
2	员工的知识越多,就不需要过多给他(她)讲述工作目标	1	2	3	4	5
3	对于焦虑的团队成员来讲,"手把手"不是一种好的领导技巧	5	4	3	2	1
4	鼓舞士气的讲话会吸引所有级别的员工	5	4	3	2	1
5	作为领导,我会在监督能力最强的员工方面使用最少的时间	1	2	3	4	5
6	最好不要花太多精力去监督没有热情的员工	5	4	3	2	1
7	一个有效的领导者会按照种类和数量把工作平等授权给团队成员	5	4	3	2	1
8	即使是最高效的员工也需要不断的安全承诺和情感支持	5	4	3	2	1
9	当发现员工看起来没有安全感和焦虑时,我会给他(她)特别的指导和引导	1	2	3	4	5
10	对相当有能力的员工需要相对较少的领导和监督	1	2	3	4	5

计算以上问题的得分,如果你的得分在 45~50 分之间,说明你对充分了解下属非常重视;如果你的得分在 30~44 分之间,说明你比较重视;如果你的得分在 10~29 分之间,说明平时你对下属考虑较少,需要进一步提升对领导情境的认识水平。

第五节　权变理论在中华优秀传统文化中的体现

中华优秀传统文化中有许多关于领导权变的思想,这些权变的思想包含着治国理政的理念。下面简单介绍《周易》《孙子兵法》和《长短经》中关于权变思想的论述。

一、《周易》中的权变思想

《周易》被西方学者翻译为 The Changing Book。整个《周易》贯穿了"简易、变易、不易"的思想,既阐述变化,同时又说明大道是不变的,大道至简。《周易》中有阴阳八卦共计六十四卦、三百八十四爻,描述了 64 种天地、人生的场景和 384 种细部特征,并描绘了它们之间的相互关系及其运动、变化、发展规律。这六十四卦中富含权变的思想,更有许多诸如"天行健,君子以自强不息""地势坤,君子以厚德载物"这样哲理深刻的名句。

二、《孙子兵法》中的权变思想

❖《孙子兵法·兵势篇》

凡战者,以正合,以奇胜。故善出奇者,无穷如天地,不竭如江海。终而复始,日月是也。死而更生,四时是也。声不过五,五声之变,不可胜听也;色不过五,五色之变,不可胜观也;味不过五,五味之变,不可胜尝也;战势不过奇正,奇正之变,不可胜穷也。奇正相生,如循环之无端,孰能穷之哉!

【译文】

大凡作战,都是以正兵作正面交战,而用奇兵去出奇制胜。所以善于运用奇兵的人,其战法的变化就像天地运行一样无穷无尽,像江海一样永不枯竭。像日月运行一样,终而复始;与四季更迭一样,去而复来。宫、商、角、徵、羽不过五音,然而五音的组合变化,永远听不完;红、黄、蓝、白、黑不过五色,但五种色调的组合变化,永远看不完;酸、甜、苦、辣、咸不过五味,而五种味道的组合变化,永远也尝不完。战争中军事实力的运用不外乎"奇""正"两种,而"奇""正"的组合变化无穷无尽。奇正相生、相互转化,就好比圆环旋绕无始无终,怎能穷尽呢!

❖《孙子兵法·九变篇》

孙子曰:凡用兵之法,将受命于君,合军聚众。圮地无舍,衢地交合,绝地无留,围地则谋,死地则战,途有所不由,军有所不击,城有所不攻,地有所不争,君命有所不受。

故将通于九变之利者,知用兵矣;将不通九变之利,虽知地形,不能得地之利矣;治兵不知九变之术,虽知五利,不能得人之用矣。

【译文】

孙子说:根据用兵的规律,将领向国君领受命令,聚集民众组成军队,在"圮地"不要驻扎,在"衢地"要结交诸侯,在"绝地"不可滞留,在"围地"要巧出奇谋,在"死地"则殊死奋战。有的道路不宜通过,有的敌军可以不击,有的城邑可以不攻,有的地盘可以不争,甚至国君的命令有时也可以不接受。

将领能通晓灵活机变的好处,就算懂得用兵了;将领不通晓灵活机变的好处,即使了解地形,也不能得地利;治军不了解机变的权术,即使懂得上述"五利",也不能充分发挥士兵最大的战斗能力。

❖《孙子兵法·谋攻篇》

故用兵之法,十则围之,五则攻之,倍则战之,敌则能分之,少则能逃之,不若则能避之。故小敌之坚,大敌之擒也。

【译文】

我的兵力十倍于敌方就实施围歼,五倍于敌方就实施进攻,两倍于敌方就要努力战胜敌军,势均力敌则设法分散,各个击破,兵力弱于敌方就避免作战。所以,弱小的一方若拼死固守,则会成为强大敌人的俘虏。

三、《长短经》中的权变思想

《长短经》又名《反经》,由唐代赵蕤所著。它以唐朝以前的历史为论证素材,集诸子百家学说于一体,融合儒、道、兵、法、阴阳、农等诸家思想,所讲内容涉及政治、外交、军事等各种领域,并且还能自成一家,是一部逻辑体系严密、涵盖文韬武略的谋略全书。该书为历代有政绩的帝王将相所共悉,被尊奉为小《资治通鉴》,是中华传统文化中的瑰宝。《长短经》中有很多关于权变思想的论述。

(1)三代不同礼而王,五霸不同法而霸。

【译文】

三代的礼制不同,而都成就了王业;五霸治国之法不同,但各成霸业。

(2)桓子曰:"三皇以道治,五帝用德化,三王由仁义,五霸用权智。"

【译文】

桓范说:"三皇(神农、女娲、伏羲)时代的特征是以道治理天下,五帝(黄帝、颛顼、帝喾、帝尧、帝舜)用德化育天下,三王(大禹、后稷、文王)用仁义教导人民,春秋五霸却用权术和智谋制服别的国家。"

(3)故圣人之理国也,不法古,不修今,当时而立功,在难而能免。

【译文】

所以圣人治国,一不法古,二不贪图一时之宜。因时变法,只求实效。这样,遇到困难也容易解决。

四、《庄子》中的权变思想

《庄子·外篇·秋水》中有一句话非常形象地描述了权变的思想:

井蛙不可以语于海者,拘于虚也;夏虫不可以语于冰者,笃于时也;曲士不可以语于道者,束于教也。

【译文】

井底的青蛙,不可能和它们谈论大海,因为它们受到生活空间的限制;夏天的虫子,不可能跟它们谈论冰雪,因为它们受到生活时间的限制;乡曲之士,不可能跟他们谈论大道理,因为他们受到礼教的束缚。

第五章 领导-成员交换理论与仆人式领导
Leader-Member Exchange Theory & Servant Leader

本章将介绍两个领导力理论：领导-成员交换理论（Leader-Member Exchange Theory，LMX）和仆人式领导（Servant Leader）。之所以把这两个理论放在一起介绍，是因为这两个理论研究的重点都是追随者。领导-成员交换理论关注领导者和追随者之间的互动以及强调发展领导与成员之间独特的工作关系，仆人式领导强调通过倾听他人的需求，做好服务，从而发掘其全部的潜力。

第一节 两个理论的主要内容

一、领导-成员交换理论的主要内容

在权变理论流行后不久，另一条研究路线，领导与成员之间关系的理论也涌现了大量研究成果。这些研究以垂直双向关系理论为基础，逐渐发展为领导-成员交换理论，即 LMX 理论。在 LMX 理论之前，研究者将领导力视为领导者对所有追随者所做的事情，这一假设意味着，领导者以集体的方式，以一种平等的领导风格对待追随者。LMX 理论对这一假设提出了挑战，将研究的重点放在领导者与追随者的相互作用上，并且假设领导者和追随者之间的相互作用或相互关系可能存在差异。

领导-成员交换理论的主要内容包括两个部分，一部分是早期研究成果——"圈内人"和"圈外人"模型，主要讲述领导与所有成员之间的相互关系存在差别；另外一部分是研究怎样在领导者和下属之间建立高质量的交换过程，领导者与下属的关系发展要经历三个阶段。

（一）"圈内人"和"圈外人"模型的主要内容

（1）"圈内人"和"圈外人"模型认为，领导者与下属的相互关系有两种：一

种是建立在扩展和商谈基础上的,下属承担了额外的责任和工作任务,这被称为"圈内人";另外一种是建立在正常合同规定基础上的,下属只是按照合同规定完成相应的工作任务,这被称为"圈外人"。

(2)"圈内人"从领导者那里获得了更多的信息,如影响力、信心和关注。"圈内人"为领导者做额外的事情,而领导者也为他们做同样的事情。在领导和下属的关系上,"圈内人"的下属关系比"圈外人"的下属关系更可靠,参与度更高,沟通能力更强。

(3)"圈外人"与领导者的接触一般只停留在合同规定的工作层面,很少承担额外的工作,以合同义务的履行为基础,只是上班、工作、下班(见图5-1)。

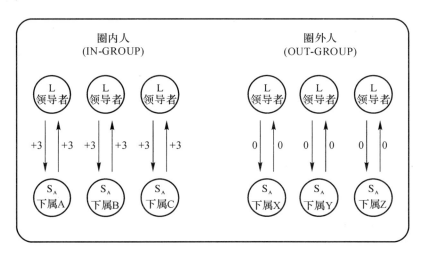

图5-1 领导-成员相互影响和交换示意图

需要说明的是,领导-成员交换理论中的"交换"指的是领导者和下属之间正常的相互作用和相互影响的过程,与不正当的利益交换截然不同,这一点要特别强调。对领导者来讲,重要的是要与所有的下属建立一种高质量的"圈内人"关系,避免低质量的"圈外人"关系,这样才能提升组织绩效。

(二)领导者与下属关系发展的三个阶段

Graen、Uhl-Bien(1991)认为建立领导者与下属的关系发展经历三个阶段,见表5-1。

表 5-1 领导者与下属关系发展的三个阶段

	阶段 1:陌生人	阶段 2:熟人	阶段 3:伙伴
角色定位	规定好的	测试的	协商的
相互影响	单向的	混合的	相互的
相互交换	低质量的	中等质量的	高质量的
利益聚焦	自己的	自己和别人的	团队的

由表 5-1 可以看出,随着领导者和下属关系的发展,领导者和下属之间高质量的交换关系正在形成,还对于提升组织绩效是积极有效的。

二、仆人式领导的主要内容

罗伯特·格林利夫(Robert Greenleaf)曾为美国电话电报公司(AT&T)负责管理发展和教育的副总裁,退休后,他在哈佛商学院(Harvard Business School)和福特基金会(Ford Foundation)等机构担任教师和顾问。20 世纪 60 年代,年轻人的反抗让他感到困惑,如何调动新生代年轻人的工作积极性成为一个重要的问题,他在 1970 年撰写并发表了一篇题为《仆人式领导》(*The Servant as Leader*)的短文。但是在 20 世纪 80 年代享乐主义和追求物质的环境下,这篇文章的影响力有限。1995 年,由多位专家,包括《第五项修炼》(*The Fifth Discipline*)的作者彼得·圣吉(Peter Senge)在内的专家共同撰写了一本书,这本书中收录了罗伯特·格林利夫的《仆人式领导》这篇文章。彼得·圣吉对这篇文章高度评价:"我认为,《仆人式领导》是我在过去 20 年里读到的关于领导力的最独特和最有用的论述……多年来,我只是告诉人们不要把时间浪费在阅读其他所有关于管理领导力的书籍上,如果你真的想深入了解真正的领导力,我建议你读读格林利夫的文章。"从这时开始,仆人式领导得到研究者和管理者的关注和重视。

仆人式领导的主要内容有以下几个方面:

(1)领导者要承认别人的独特品质,不能要求他们屈尊俯就。

(2)领导者要专心听取下属的意见和建议。

(3)领导者要从事实出发看待问题,而不是从自己所希望的样子出发看待问题。

（4）领导者要让员工直接参与组织的建设和改进，让下属参与进来，建立共识，说服他们，不要强迫他们服从。

（5）领导者要做一个有远见、有梦想的人。

（6）领导者要把自己看作一个管家，在信任的基础上领导组织。组织中的每个人要培养一种深刻的社区意识，每个人都要为社会的最大利益而工作。

第二节　两个理论的优缺点

一、领导-成员交换理论的优缺点

（一）领导-成员交换理论的优点

1. 以客观事实为基础

无论是否承认（甚至有人认为对下属不公平），在一个组织中"圈内人"和"圈外人"现象是客观存在的。LMX理论已经准确地描述了这种真实存在，这种存在让领导者和下属都深刻认识到，建立高质量的领导与下属相互影响的关系对于提升组织绩效是非常重要的。

2. 开拓了领导力研究的新领域

以前的领导力理论研究的重点是领导者、追随者、情境或这些关键要素的组合，但这些都没有深入涉及领导者和每个下属之间的相互关系并对这种关系进行分析研究。LMX理论强调有效的领导力取决于高质量的领导者与下属之间的交流，这种交流是通过相互影响来发挥作用的。它将我们的注意力引向了领导力中沟通的重要性，强调领导者要和自己所有的下属建立高质量的相互交换关系。

3. 为领导者提供了一个重要的警示

LMX理论提示领导者要意识到在实际工作中，"圈内人"和"圈外人"的现象是存在的。在对待下属方面，要打破自己有意识或者无意识的偏见（例如，在种族、性别、宗教或年龄方面的偏见），力争做到公平、公正，把所有下属都拉入"圈内"，尽量与所有的下属建立高质量的"圈内人"关系。

4. 以大量实证研究作为基础

领导-成员之间相互交换的内容很多,涉及绩效、承诺、工作环境、创新、组织公民行为、赋予权力、工作程序等内容,可以说,领导-成员的交换贯穿了领导力发生和作用的整个过程。通过大量的实证研究,研究者将 LMX 理论的应用与实际结果联系起来,能够验证该理论的有效性和实用价值。

(二)领导-成员交换理论的缺点

从表面上看,领导与成员的交换虽然是客观存在的,但是与公平公正的基本价值观背道而驰。LMX 理论的基本思想没有得到充分发展,例如,该理论只是强调了信任、尊重和责任的重要性,并没有充分解释高质量的领导-成员交换是如何创建的;有的研究者对于 LMX 理论中的领导-成员交换的度量问题提出了质疑,认为领导-成员之间的相互交换涉及的因素很多,什么是关键因素以及关键因素的度量没有办法确定。

二、仆人式领导的优缺点

(一)仆人式领导的优点

1. 提出了领导力研究的新理念

仆人式领导最大的贡献就是提出了一种理念,这种理念强调把追随者放在主导地位,完全颠覆了领导者与追随者的地位。这种理念与中国共产党"为人民服务""以人民为中心""以人为本""领导要做人民的公仆"等概念非常类似。

2. 提出了充分调动下属积极性的方法

仆人式领导通过倾听下属的需求,然后赋予下属行动的权力,以此来发掘下属的全部潜力。这种领导风格用热情的参与取代强制的服从,并清晰地表达了一种领导力的愿景,这种愿景远远超过了强制性和操纵性的权力,能充分调动下属的积极性和潜能。

3. 实证表明了仆人式领导的有效性

在"人才大战"中,高端人才成为企业发展的关键。企业需要留住优秀人才,发挥优秀人才的积极性,因此仆人式领导就显得更有必要了。国外的研究者在对某些大公司进行实证研究的基础上,证明了仆人式领导在引进、培育、用好人才方面的有效性。

1998年,《财富》杂志发布一份新的榜单,名为"美国最适合工作的100家公司"(The 100 Best Companies to Work for in America),得到从业者认可的公司大部分遵循仆人式领导。

(二)仆人式领导的缺点

像其他领导力理论一样,有的研究者也指出仆人式领导存在以下不足:仆人式领导缺乏非常清晰的定义,虽然研究者给出了很多定义,但是没有一个得到大家一致认可;仆人式领导在某种程度上倡导的是一种精神和道德引领,在具体的操作方面存在一定难度;仆人式领导最后的研究成果,比方说领导者体现"仆人"的性格特征、行为方式与特质理论、领导行为理论有一定的重复。

第三节 两个理论的应用

一、领导-成员交换理论的应用

领导-成员交换理论简单易懂,领导者在开展领导行为时应该重视领导与成员之间的关系,改善和提升自己的领导力。领导-成员交换理论主要应用于以下几个方面。

(一)建立高质量的领导者与下属的关系

领导者应该与所有下属发展高质量的关系,而不是与少数人,从而避免对"圈外人"产生不公平和消极的影响。与所有的下属建立"圈内人"关系,可以让下属付出更多的努力和贡献。与每个下属建立高质量的领导-成员关系,整个组织都成为"圈内人",尽量消除"圈外人"的存在。

(二)时刻提醒领导者认识到"圈外人"的存在及其影响

大量研究证实,高质量的领导-成员交换关系与工作绩效、工作满意度和组织正面行为呈正相关,而与员工离职呈负相关。"圈外人"关系的存在可能会对组织有负面影响,领导者对他们不够关注,就有可能不能充分发挥他们的作用,有的成员甚至不认同组织的价值观,这样会给组织带来负面影响。领导者要听取所有下属的意见,特别是"圈外人"的意见,防止出现对"圈外人"重视不够的情况。表 5-2 可以评价领导者对"圈外人"的态度,其中,DS——坚决不同意;D——不同意;N——中立;A——同意;AS——强烈同意。

表 5-2 领导者对"圈外人"态度的评价量表

序 号	问 题	你的态度				
1	如果有团队成员没有与其他人和睦相处,我会包容他们	DS	D	N	A	AS
2	当少数团队成员表现出固执或者倔强时,我会变得很生气	DS	D	N	A	AS
3	作为一个领导者,团结意见不一致的人至关重要	DS	D	N	A	AS
4	当有的成员提出的不同寻常的想法打扰或者阻碍团队中其他人的工作进度,我感到很烦恼	DS	D	N	A	AS
5	当有成员与大多数成员的意见不一致时,我会特别关注他们	DS	D	N	A	AS
6	那些对团队会议不感兴趣的人,我有时会忽略他们	DS	D	N	A	AS
7	在团队做决策的时候,我会考虑不同观点下属的利益	DS	D	N	A	AS
8	试着和"圈外人"达成一致是浪费时间的事情	DS	D	N	A	AS
9	我经常鼓励团队成员听取少数人的观点	DS	D	N	A	AS
10	当团队有不同观点的时候,我经常使用投票的方法来解决	DS	D	N	A	AS
11	听取下属偏激或者激进的意见对于提升我的领导力有好处	DS	D	N	A	AS
12	如果团队成员觉得被"边缘化"了,那是他(她)自己的责任	DS	D	N	A	AS
13	我特别关注"圈外人"	DS	D	N	A	AS
14	当有的团队成员提出与其他成员有冲突的意见时,我感到很沮丧	DS	D	N	A	AS

分数计算:

偶数项问题的得分计算如下:

DS	D	N	A	AS
5	4	3	2	1

奇数项问题的得分计算如下:

DS	D	N	A	AS
1	2	3	4	5

如果你的得分为 57~70 分,那么就是非常高;得分为 50~56 分,就是略

高;得分为45~49分,就是平均水平;得分为38~44分,就是低;得分为10~37分,就是非常低。

如果你的得分高,说明你试图帮助"圈外人",让他们成为整个团队的组成部分,你喜欢听取不同成员的意见并且认为听取少数人的意见对提升团队绩效有用;如果你的得分较低,说明你对"圈外人"重视不够,当"圈外人"提出与团队大多数人不一致的意见时,你会比较生气,同时认为"圈外人"对提升团队绩效作用不大。

(三)领导者与追随者之间高质量的交换关系可以解决矛盾和冲突,建立共同愿景

对领导者来讲,与追随者建立高质量的交换关系有利于掌握组织的整体情况,在做决策和开展领导行为时能够充分考虑各方面的情况,制定出既能满足各方利益又能推动组织发展的策略,构建共同愿景。对追随者来讲,与领导者建立高质量的交换关系可以让自己全面了解信息,对自己的价值观和行为进行更加全面的思考,提升自己的能力和素质,提高对组织的贡献程度。

二、仆人式领导的应用

中国人对仆人式领导的理解和实践远远早于西方。从"民为贵,社稷次之,君为轻"到"君者,舟也;庶人,水也。水则载舟,水则覆舟"等一系列治国思想,再到中国共产党为人民服务的根本宗旨、以人民为中心的思想等等,这些思想和认识在中国得到了时间的检验。下面一则小故事充分体现了中国共产党全心全意为人民服务的根本宗旨和以人民为中心的思想。

2018年2月12日,春节前夕,习近平总书记在成都市郫都区战旗村考察。看到习近平总书记来了,大家兴高采烈地向总书记问好。正在照全家福的一位老人握着总书记的手,激动地说:"您是我们的好领袖,中国人民的福星。"习近平总书记答道:"谢谢,我是人民的勤务员,是为人民服务的。"

第四节 领导-成员交换的评价

在领导-成员交换理论的研究中,也有很多种调查问卷。下面介绍一个评价领导者与成员交换关系的量表,即领导-成员交换七项目问卷(LMX

Seven Questionnaire)(见表 5-3)。这个问卷包含的项目是描述你与领导或下属间关系的,用于测量领导-成员关系的三个维度:尊重、信任和责任。作为领导者,可用此表自评自己与追随者之间的关系,也可以让自己的多个追随者进行评价,从而对比分析,查找原因,不断改进与所有追随者的关系;作为追随者,可用此表自评自己与领导者的关系。

表 5-3 领导-成员交换七项目问卷

请在你认为真实的答案下画圈。

1. 你知道你在哪个方面与你的领导(追随者)一致？你知道通常你的领导(追随者)对你做的什么方面满意？

很少	偶尔	有时	经常	常常
1	2	3	4	5

2. 你的领导(追随者)知道你工作中的问题和需求吗？

一点也不	一点	一定数量	相当	大量
1	2	3	4	5

3. 你的领导(追随者)知道你的潜力吗？

一点也不	一点	一般	大多数	全部
1	2	3	4	5

4. 不管你的领导(追随者)在他/她的职位上建立了多少权威,他/她用他/她的权力帮你解决你在工作中的问题的机会有多少？

没有	很少	一般	高	很高
1	2	3	4	5

5. 不管你的领导(追随者)在他/她的职位上建立了多少权威,他/她会不惜代价保全你的机会有多少？

没有	很少	一般	高	很高
1	2	3	4	5

6. 我有足够的信心,即使我的领导(追随者)不在场,我也会维护并为他/她的决定辩护。

强烈不同意	不同意	中立	同意	强烈同意
1	2	3	4	5

7. 你如何描述你与你的领导(追随者)的关系？

很差	低于平均	平均	高于平均	非常好
1	2	3	4	5

得分说明：

通过得分判断领导-成员交换关系的质量：30～35分，说明领导-成员交换关系质量很高；25～29分，说明领导-成员交换关系质量高；20～24分，说明领导-成员交换关系质量一般；15～19分，说明领导-成员交换关系质量低；7～14分，说明领导-成员交换关系质量很低。

第五节　两个理论在中华优秀传统文化中的体现

一、《六韬》中将军与士兵之间的关系

《六韬》又称《太公六韬》《太公兵法》，是中国古代一部著名的道家兵书。全书有六卷，共六十篇。《六韬》的内容十分广泛，几乎涉及战争及其各方面的问题。其中最精彩的部分是它的战略论和战术论。

❖《六韬·龙韬·励军》

太公曰："将冬不服裘，夏不操扇，雨不张盖，名曰礼将；将不身服礼，无以知士卒之寒暑。出隘塞，犯泥涂，将必先下步，名曰力将。将不身服力，无以知士卒之劳苦。军皆定次，将乃就舍，炊者皆熟，将乃就食。军不举火，将亦不举，名曰止欲将。将不身服止欲，无以知士卒之饥饱。将与士卒共寒暑、劳苦、饥饱，故三军之众，闻鼓声则喜，闻金声则怒。高城深池，矢石繁下，士争先登；白刃始合，士争先赴。士非好死而乐伤也，为其将知寒暑、饥饱之审，而见劳苦之明也。"

【译文】

太公说："做将领的，隆冬不穿皮裘，夏天不摇扇，雨天不撑伞，和士兵共寒暑，这叫礼将。将领不以身作则，就不知道士卒的冷暖。行军时，经过艰险的关隘，跋涉于泥泞道路时，将领一定要放弃骑马，与士卒一起步行，这叫力将。将领不身体力行，就不知道士卒的劳苦。军队宿营时，全军都已驻扎完毕，将领才能就寝；士卒的饭菜都熟了，将领才能吃饭。军队不能生火做饭，将领也不应开火，这叫止欲将，将领不亲自节私欲，怎么能知道士卒的饥饱。做将领的，能与士卒同寒暑、共劳苦、共饥饱，三军士众，才能听到进军的鼓声便喜不自禁，听到退兵的金声才怒不可遏。高大的城墙，深峻的护城河，箭石如雨，士卒迅然争先恐后攀登；如果遇上野外作战，两军刚一接触，士卒便争先恐后，奋勇杀敌，以死相拼。士卒并不是喜欢送死，高兴负伤，而是做将领的能够了解士卒寒暑饥饱的详细情况，士卒才愿尽死报效。"

二、《孟子》中的君臣关系

《孟子·离娄下》第三节中对君臣的关系论述如下：

孟子告齐宣王曰："君之视臣如手足，则臣视君如腹心；君之视臣如犬马，则臣视君如国人；君之视臣如土芥，则臣视君如寇雠。"

【译文】

孟子告诉齐宣王："若君主看待臣下如同自己的手足，则臣下看待君主就会如同自己的腹心；若君主看待臣下如同犬马，则臣下看待君主就会如同路人；若君主看待臣下如同泥土草芥，则臣下看待君主就会如同仇人。"

三、《南怀瑾选集》中卫懿公好鹤亡国的故事

懿公，春秋卫君。周惠王九年，卫懿公嗣立，不恤国政。尤好养鹤，俸比大夫，乃厚敛于民，以充鹤粮，民有饥冻，不知抚恤，值狄人来侵，人民弃之，曰："何不使鹤拒敌？"遂覆亡。

【译文】

卫懿公名赤，是春秋时卫国国君，自周惠王九年嗣立，荒淫玩乐，不顾及国家大事。他非常喜爱仙鹤，而且让它们享受大夫的俸禄。卫懿公征收重税以豢养仙鹤，对百姓的饥饱冷暖却全然不顾，引起百姓的不满。狄人攻打卫国时，卫国的百姓都弃之而去，说："为什么不让你养的仙鹤去抗敌？"卫国随后灭亡。

四、《道德经》中"以百姓心为心"的思想

《道德经》第四十九章中的一段话代表了道家仆人式领导的思想。

圣人常无心，以百姓心为心。善者，吾善之；不善者，吾亦善之；德善。信者，吾信之；不信者，吾亦信之；德信。

【译文】

圣人常常是没有私心的，以百姓的心为自己的心。对于善良的人，我以善良对待他；对于不善良的人，我也以善良对待他，这样天下人都善良了。对于守信的人，我信任他；对于不守信的人，我也信任他，这样就可以使人人守信。

第六章 变革型领导及交易型领导理论
Transformational Leadership Theory & Transactional Leadership Theory

从1980年前后到现在,领导力研究者们关注最多的就是变革型领导。"变革型领导力"一词最初是由唐顿(Downton,1973)提出的,后来,政治社会学家詹姆斯·麦格雷戈·伯恩斯(James MacGregor Burns)在他的经典著作《领导力》(1978)中把变革型领导作为一个领导术语,试图将领导者和追随者相联系,他认为领导者要利用好追随者的动机,从而更好地实现领导者和追随者的共同目标。

伯恩斯根据领导者与追随者之间的关系提出了两种领导类型:交易型领导和变革型领导。交易型领导指的是以领导者和追随者之间的交换为基础的领导风格,本质上是交易。在这个过程中,追随者的努力和成绩由特定的奖励来体现,领导者试图通过双方达成的协议从追随者那里获得对必须做什么的回报。交易型领导在日常工作甚至生活中经常出现,例如:经理向员工提供晋升机会,以奖励员工的努力和表现;孩子做了家务,家长满足了孩子的小心愿;等等。

作为"新领导力"的主要内容,变革型领导更多地体现领导者的魅力和情感因素,是一个改变和改造人的过程,关注的是人的情感、价值、道德、准则和长期目标,主要包括评估追随者的动机、满足他们的需要、用"全人"理念对待下属等。

第一节 变革型领导和交易型领导理论的模型

一、伯恩斯的变革型领导模型

20世纪80年代中期,伯恩斯(Burns)在他人研究的基础上提出了关于变革型领导的研究成果,强调变革型领导有利于营造积极的环境,变革型领导更加关注追随者的需求,同时变革型领导和交易型领导是联系和统一的,两者结合使用会产生比期望更好的绩效(见图6-1)。

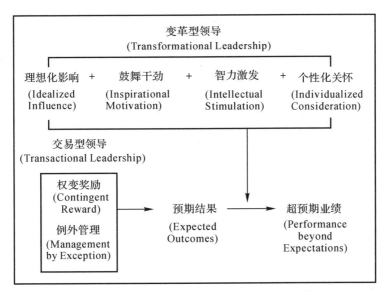

图6-1 变革型领导与交易型领导的相加效应

(一)变革型领导的典型行为

变革型领导者具有远见和激情,激励他所领导的追随者进行变革,这种领导方式是一个改变和改造人的过程。Avolio认为,变革型领导在价值观、长期目标、标准、情感和道德方面包含四种相互联系的典型行为,称为四个"I"(The Four "I")。

1. **理想化影响**(Idealized Influence)

领导者是追随者的榜样,并树立了优秀的标准。追随者认同这些领导者,非常希望能模仿他们。领导者通常具有高尚的道德品质,并深受追随者的尊重和信任。这种理想化的影响主要体现在两个方面,一是思想上追随者对领导者高度认同和尊重,二是行为上追随者会对领导者进行观察和模仿。

2. **鼓舞干劲**(Inspirational Motivation)

领导者通过建立共同愿景和团队的价值观激励追随者分担责任、团结合作。团队成员对团队的共同愿景深表认同,领导者用清晰的标准为追随者描绘了工作目标,让追随者认识到工作的意义,体会到工作取得的成就。追随者通过大量的努力来完成他们的任务，对自己的工作充满热情，对自己的能力拥有坚定的信心。

3. 智力激发(Intellectual Stimulation)

智力激发是变革型领导的典型特征，也是改变和改造人的主要体现。智力激发主要体现在：一是鼓励追随者创新，鼓励追随者寻找更好的方法来执行任务。二是鼓励追随者变革，要求追随者对自己承担任务的现状进行全面分析，结合存在的问题鼓励追随者挑战现状。领导者鼓励追随者尝试变革并能够包容追随者可能由此带来的失误，希望追随者可以把失误当作学习和经验总结的过程。三是培养追随者的独立思维，领导者看重的不是追随者一件事情的完成情况，而是特别注意观察并帮助追随者不断优化自己的思维模式，试图把追随者培养成领导者，并期望追随者在思维模式等方面的优化能够对组织绩效达到倍增效应。

4. 个性化关怀(Individualized Consideration)

领导者不但帮助追随者解决工作方面的问题，而且为追随者在职业发展和人生规划方面提供指导。领导者能够积极主动倾听追随者提出的问题及其个人需求，并及时反馈解决方案。个性化关怀也是变革型领导的一个主要特征，让追随者时刻有"领导就在自己身边"的感觉。

(二)交易型领导的典型行为

交易型领导的典型行为包括权变奖励(Contingent Reward)和例外管理(Management by Exception)两个方面。

权变奖励是指领导者向追随者说明他的期望、交易承诺和领导支持的方法，并得到追随者的同意，领导者与追随者达到契约。领导者对追随者以工作表现、工作内容、工作目标和员工绩效作为主要考核指标，根据追随者指标完成情况，给予物质或精神上的奖励。

例外管理由管理学引入领导学，指的是领导者应将主要精力和时间用来处理首次出现的、模糊随机的、十分重要且需要立即处理的非程序化问题。例外管理有主动和被动两种形式，主动例外管理是领导者及时指导追随者的错误等"例外"的行为，被动例外管理是领导者事后对追随者的"例外"行为进行评价。

二、豪斯的魅力型领导模型

在伯恩斯的专著发表的同时,豪斯(House)于 1976 年提出了魅力型领导理论。在一定程度上讲,魅力型领导是变革型领导的代名词。魅力型领导者的个性特征包括:强烈的支配欲和影响欲、自信、很强的自我道德价值观。魅力型领导者还表现出特定的行为:①在信仰和价值观上是很好的模范,并希望追随者能够效仿。②能力得到追随者的信任和认可,当面对困难或者挑战时,追随者相信领导者能够带领大家战胜困难并取得成功。③有表达道德的思想目标。魅力型领导者制定的目标被大家广泛认可并代表了最广泛的道德价值,这种目标有比较深刻的思想性,能够在内心深处得到追随者的认可。④给追随者提出很高的期望,并相信他们有变革和实现期望的能力。这种行为会增加追随者的自信心,使其更出色。⑤激发追随者与目标相关的动机,包括归属感、权力或自尊。

魅力型领导者会直接产生以下几个方面的影响:追随者信任领导者的理念、追随者和领导者的信念趋同;追随者无异议地接受领导者、表达对领导者的喜爱之情,服从、认同领导者、对领导者提出的目标给予情感支持;追随者通过自我目标的提升,增强实现目标的信心。

三、本尼斯和纳努斯的研究模型

1985 年,本尼斯(Bennis)和纳努斯(Nanus)对 90 位领导者开展了调查研究,他们设计了三个问题:

(1)你的优势和劣势是什么?

(2)过去的哪些事件对你的领导方式影响最大?

(3)你职业生涯的转折点是什么?

从 90 位领导者的回答中,本尼斯和纳努斯总结了变革型领导者经常使用的四种领导方式:

(1)变革型领导者对所领导的组织有非常清晰的发展愿景。这个愿景具有很强的吸引力,让追随者信服,同时又非常简单。每个追随者都能找到自己的努力方向,领导者和追随者在这个愿景的牵引下努力工作。

(2)变革型领导者在组织建设中扮演社会建筑师的角色。变革型领导者非常清楚怎样构建大家都认可的价值观、工作与生活的意义,同时能够让大家在组织中得到身份认同。

(3)变革型领导者在组织中创造信任。领导者会指明组织或者工作的发展方向,每个人都知道自己的位置和工作内容,领导者对追随者表示信任并支持追随者的工作。

(4)变革型领导者通过积极的自我关注来创造性地调整自己。他们知道自己的优点和缺点,注意发挥自己的优势,通过学习弥补自己的劣势。

四、库泽斯和波斯纳的研究模型

库泽斯(Kouzes)和波斯纳(Posner)(1987,2002)通过对1300多位中高级管理者的管理经验进行调查研究,归纳出变革型领导者在实践方面的5个重要行为特征:以身作则、共启愿景、挑战现状、使众人行、激励人心。以身作则就是领导者要明确自己的价值观,使自己的行动与共同的价值观保持一致,为他人树立榜样;共启愿景就是展望未来,想象令人激动的、崇高的各种可能,描绘出一个清晰的、让人感觉宏大而又有视觉化呈现的共同愿景,感召他人为共同愿景而奋斗;挑战现状就是领导者要通过捕捉创意和从外部获取创新方法来寻找改进的机会,进行尝试和冒险,通过对现状的分析来改变组织的现状,使组织永远保持先进;使众人行就是杰出的领导者能有效运用追随者的才能,通过建立信任和增进关系来促进合作,通过增强自主意识和发展能力来增强他人实力。激励人心就是领导者通过激励下属的成绩以鼓励他们,通过表彰个人的卓越表现来认可他们的贡献,通过创造一种集体主义精神来实现组织的价值和绩效目标。

第二节 变革型领导理论的优缺点

一、变革型领导理论的优点

在此前的领导力理论中,无论是特质理论,还是领导行为理论和领导-成员交换理论,要么以领导者为中心和出发点阐述理论,要么从追随者角度强调领导的行为。变革型领导理论则更多关注领导者和追随者的相互影响,认为通过领导者与追随者的互相关注与学习,"可以使群众变成领袖,也可能把领袖转化成充满道德感的人"。从这个角度讲,变革型领导理论是改变人的理论。变革型领导者对追随者的关注不是工具式的,而是真正意义上的以人为本,帮助其开发最大的潜能。在这个过程中,领导者通过"为追随者设定高期望,表达出对追随者能力的信心,提供持续的鼓励和支持以提高其自信心"以及激励、培养追随者,并对追随者授权,甚至鼓励追随者像领导者那样行动。变革型领导者通过让追随者意识到组织的任务和责任的重要性,使其成为愿意为组织利益而超越个人利益的人。在变革型领导力的作用下,追随者生机勃勃、充满活力,他们能充分发挥自己的潜力,在自己的职责范围内敢于担当,勇于承担领导者的任务。

具体来说,变革型领导理论具有以下优点:

1. 变革型领导理论的有效性是基于大量实证研究的

很多专家学者从不同的角度对变革型领导理论进行了广泛的研究,包括对大型知名组织的杰出领导人和首席执行官进行的一系列定性研究。大量证据表明,变革型领导是一种有效的领导形式,变革型领导与追随者的满意度、动力和绩效有着积极的联系。

2. 变革型领导理论的研究对象兼顾了领导者和追随者

变革型领导者会采取激发追随者的内在潜力、激发追随者的高层次需求的方式来实现提高追随者能力的目标。变革型领导者也会时常考虑自己的优势和劣势,在了解追随者的需求过程中不断提升自己的个人魅力和影响力。从这点来讲,变革型领导理论将领导视为追随者和领导者之间的一个过程,这个过程既包含追随者的需求,也包含领导者的需求,领导力不是领导者的唯一责任,而是从领导者和追随者之间的相互作用中产生并共同承担的。

3. 变革型领导理论有直觉方面的吸引力

变革型领导理论提供了一个更广泛的领导力研究范围,领导者对追随者需求和成长的关注让这个理论具有很强的吸引力。变革型领导者会向追随者描绘、传达组织的愿景,让追随者感受到组织愿景的宏大和美好,从而激励追随者为了组织的愿景和自己的发展而努力。

二、变革型领导理论的缺点

一些专家学者也提出了变革型领导理论存在的局限和不足,主要有以下几个方面。

1. 变革型领导理论缺乏概念的明确性

它涵盖了领导者和追随者如此广泛的活动和特点——包括创建愿景、激励、成为变革推动者、建立信任、培养和充当社会建筑师等,这种情况导致很难准确界定变革型领导理论的主要因素。

2. 对变革型领导的测量存在质疑

变革型领导理论的研究人员通常使用多因素领导力调查问卷(Multi-Leadership Questionnaire,MLQ)来衡量变革型领导力。然而,一些研究对MLQ的有效性提出了质疑,认为某些MLQ的度量因素不是相互独立的,它们之间存在着高度的相关性,这种相关性使测量的结果不够科学。

3. 变革型领导理论的某些研究不够深入

变革型领导理论在阐释改变个人和组织的机理方面不够清晰,研究者只给出了现象,但是变革型领导是怎样改变人的却没有明确指出。另外,有的学者认为变革型领导理论将领导力视为一种个性、品质或个人魅力,这不利于领导力的教育与开发。

第三节 变革型领导理论的应用

一方面,经过大量研究证明变革型领导理论对提升组织绩效有效,特别是在具有不同文化背景、法律法规、道德观念的全球性组织中最有效。研究表明,变革型领导者与追随者之间的关系更加紧密,创造力和变革精神得到发展。另一方面,变革型领导理论不像特质理论、行为理论聚焦于某个方面,而是提出了比较全面和融合的领导力理论。虽然变革型领导理论没有办法提出一个明确的领导者该如何做的标准,但是,变革型领导理论让我们更加深入地思考了理想、精神、价值、变革和以人为本的问题。实际上,领导力是一个复杂且全面的概念,包含着多种变量及变量之间的相互关系。变革型领导理论既关注领导者的具体行为和某些特质,又不受这些具体现象的约束,从道德、价值等方面对领导者和追随者进行研究,强调人作为领导力的核心要素,在这方面变革型领导理论得到了大家的认可。在实际工作中,领导者要特别关注变革型领导的应用。

一、推进组织精神文明和物质文明协调发展

领导者在实际工作中,要综合应用变革型领导理论和交易型领导理论。只有两种理论结合使用,组织的精神文明和物质文明才会协同发展,产生更好的绩效。具体来说,一方面要与追随者约定好工作的内容、标准及对应的薪酬,及时对追随者的工作状况进行指导,另一方面要考虑自己在对待追随者的理想化影响、鼓舞干劲、智力激发和个性化关怀方面的贡献。在自我考量方面,变革型领导者除了关注组织绩效等因素外,要更加注重追随者的成长及变化情况。

二、不断提升领导者的影响力和个人魅力

变革型领导者主要通过个人魅力来影响追随者的价值观,激发追随者的工作热情,从而使追随者发挥更大的主动性、完成更高的目标。在这个过程中,追随者被领导者的魅力所吸引,对完成自己的目标表现出十足的信心。在实际工作中,领导者要特别注意提升自己的魅力,准确了解和全面把握自己对追随者的影响程度,改变自己的不好行为,纠正自己的缺点。领导者可以运用"个人魅力指数"量表对自己进行评价(见表6-1)。

具体评价方法:为了测试你的魅力,请选择是(Yes)、否(No)或者不适用(NA:Not Applicable),真实回答以下问题。

表6-1　个人魅力指数量表

序号	问题	Yes	No	NA
1	你很长时间没有接到新任务或升职了			
2	你已经被两家或两家以上的公司裁员			
3	在开会的时候人们很少问你的观点			
4	你缺席会议但是后面没有人关注你的缺席			
5	几乎没有人想让你成为他社交圈中的一员			
6	当你加入一个新团队,很少被推荐为团队领导			
7	你的笑话和诙谐的言论很少得到别人的回应			
8	你的同事在会议上或者聚会时很少提及你的名字			
9	别人很少引用你的陈述或者观点			

续表

序号	问题	Yes	No	NA
10	你经常在会议上发表声明或提出自己的观点,却几乎得不到回应			
11	你认识的一个人因为穿了某件衣服而受到了赞美,但是当你穿了几乎一模一样的衣服时却没有人赞美你			
12	你所领导的人很少会表现出受鼓舞的样子			
13	除了对你的消息回复外,你很少收到来自联系人的电子邮件或即时消息			
14	在学校里,你现在和过去都没有被提名为团队或者协会的领导			
15	陌生人很少对你笑			
16	在机场等公共场合,陌生人很少为你开门			
17	在社交聚会上,你通常必须主动和别人交谈,因为很少有人会主动和你交谈			
18	在工作中、学校里或者个人生活方面,你很少受到别人的称赞			
19	与你面对面交流时,对方往往会频繁地打哈欠			
20	你不记得有人曾经说过你是有活力的,或者你的个性非常鲜明			

说明:很少有人能说自己没有或只有上面列出的20种经历中的一种,但如果你有5种或更多这样的经历,你可能需要发展你的个人吸引力和个人魅力。

三、快速变化的时代需要更多的变革型领导者

在目前这样一个高复杂性和不确定性的社会环境中,风险和危机频发,弹性、灵活和变化取代了传统组织的稳定,而唯一不变的就是变化。正如约翰·科特(John P. Kotter)所说,当组织面临急剧变革的外部环境、多方面的不确定性和大量非结构性决策时,一般的管理才能不可能解决组织的现实问题,此时,组织需要的是具有相当的前瞻性、洞察力、敏锐性、决断力,善于开拓,精于描绘愿景并长于激励士气的领导者。在这种背景下,洞察环境变化,根据形势的变化和组织的目标构建既让大家鼓舞又为之不懈奋斗的愿景,引

领追随者,形成强大的领导力以推动组织发展变革,是领导者面临的重要挑战。

四、更加关注以人为本

团队共同价值提升、使命认同和积极参与是组织变革最持久、最稳定的力量,领导者要贯彻以人为本的理念,在推动组织变革与发展、满足追随者不同层次的需求中找到平衡。要高度关注追随者的需求,根据马斯洛的需要层次理论,准确把握不同追随者的需求,从而采取不同措施来满足他们的合理需求。比如,在事业需求方面,领导者要成为一个会讲故事的人,把组织的共同愿景变成激励每个追随者主动努力的故事;在生活需求方面,给予追随者适当的工资及奖励,满足追随者的生活需要,从而获得更好的组织绩效。

第四节 领导变革的评价

前面已经讲述了一些变革型领导力的自我评价,下面介绍 MacKenzie 等人开发的变革型领导量表(见表 6-2)。该量表由 14 个问题组成,其中 1~3 题代表核心变革型领导行为,4~6 题代表高绩效期望行为,7~10 题代表个性化认可,11~14 题代表智力激发。

请您根据自己的实际感受和体会,用下面 14 个问题对您的领导行为进行评价和判断,并在最符合的数字上画圈。评价和判断的标准如下:1——完全不同意,2——不同意,3——有点不同意,4——不确定,5——有点同意,6——同意,7——完全同意。(如果您是一个组织的领导者,可以自我评价,也可以让自己的追随者打分。)

表 6-2 变革型领导量表

序号	问题	评价						
1	领导清晰地表达了共同愿景	1	2	3	4	5	6	7
2	领导成为我们学习的好榜样	1	2	3	4	5	6	7
3	领导促使我们接受团队的共同目标	1	2	3	4	5	6	7
4	领导表现出对团队有很多期望	1	2	3	4	5	6	7
5	领导每次都力求做到最好	1	2	3	4	5	6	7
6	领导只要第一,不要第二	1	2	3	4	5	6	7

续表

序号	问题	评价						
7	领导做事时会考虑我们的感受	1	2	3	4	5	6	7
8	领导尊重我们每个人	1	2	3	4	5	6	7
9	领导在日常对待我们时会考虑我们的感受	1	2	3	4	5	6	7
10	领导在行动前会考虑到我们的个人感受	1	2	3	4	5	6	7
11	领导鼓励我们用新的方法思考旧的问题	1	2	3	4	5	6	7
12	领导提出问题促使我们反思自己做事的方法	1	2	3	4	5	6	7
13	领导激励我们重新思考做事的方法	1	2	3	4	5	6	7
14	领导有办法促使我们重新检查工作中的一些惯性思维	1	2	3	4	5	6	7

分数计算：选1得1分，选2得2分，依此类推，选7得7分。得分越高说明领导者的变革领导力越强。

第五节 变革型领导理论在中华优秀传统文化中的体现

2014年9月24日，在纪念孔子诞辰2565周年国际学术研讨会暨国际儒学联合会第五届会员大会开幕会上，习近平总书记指出："中国传统文化，尤其是作为其核心的思想文化的形成和发展，大体经历了中国先秦诸子百家争鸣、两汉经学兴盛、魏晋南北朝玄学流行、隋唐儒释道并立、宋明理学发展等几个历史时期。从这绵延2000多年之久的历史进程中，我们可以看出这样几个特点。一是儒家思想和中国历史上存在的其他学说既对立又统一，既相互竞争又相互借鉴，虽然儒家思想长期居于主导地位，但始终和其他学说处于和而不同的局面之中。二是儒家思想和中国历史上存在的其他学说都是与时迁移、应物变化的，都是顺应中国社会发展和时代前进的要求而不断发展更新的，因而具有长久的生命力。三是儒家思想和中国历史上存在的其他学说都坚持经世致用原则，注重发挥文以化人的教化功能，把对个人、社会的教化同对国家的治理结合起来，达到相辅相成、相互促进的目的。"

中华传统文化自古就蕴含变革思想，也正是这种思想支持了中华文明数千年赓续的发展。在中国传统文化中,既有"苟日新,日日新,又日新"革故鼎新、与时俱进的思想,又有"天变不足畏,祖宗不足法,人言不足恤""苟利于民,不必法古;苟周于事,不必循俗"的变革决心。下面介绍中华优秀传统文化中关于变革的一些古代典籍。

一、《周易》中变革型领导思想的体现

《周易》主张世界本质上是不断变化的,人们必须了解世界的变化,才能正确认识世界,并且与世界变化一致或者推动世界的变化,实现改造世界的目的。《周易》中的"易",上面一个"日",下面一个"月",就代表了变化,"易"的解释有简易、变易、不易。所谓简易,是指世界上的事物再复杂再深奥,一旦人类的智慧达到,就可以把它们转换成人们容易理解和简单处理的问题。所谓变易,就是指世界上的万事万物每时每刻都在发展变化,没有一样东西是不变的,如果离开这种变化,宇宙万物就难以形成。所谓不易,就是指在宇宙间万物皆变的前提下,还有唯一不变的东西存在,这个东西比较复杂,其实就是"道"。

❖《损·彖传》

损益盈虚,与时偕行。

【译文】

损益和盈虚一直都在相互转化,我们要与时代同行,顺应时势的变化。

❖《系辞传下》

神农氏没,黄帝、尧、舜氏作。通其变,使民不倦;神而化之,使民宜之。易,穷则变,变则通,通则久。

【译文】

神农氏寿终,黄帝、尧、舜氏兴起,通畅地实施了他们的变革,使民众不松懈懒惰,神奇地教化了民众,使民众感觉变革很适合他们。《周易》的法则就是事物发展到极点就要变革,变革就会通达,通达了就会保持长久。

❖《艮·彖传》

艮,止也。时止则止,时行则行,动静不失其时,其道光明。

【译文】

艮是八卦之一,是静止的意思。在应该停止的时候停止,在应该行动的

时候行动,人的行动必须注意时机,这样才能取得成功。

❖《系辞传上》

是故形而上者谓之道,形而下者谓之器,化而裁之谓之变,推而行之谓之通,举而错之天下之民谓之事业。

【译文】

所以,在形器之上,无形体度量,抽象不可形,为万物所共有者,就是"道";在形器之下,有形体可寻,是具体之物,就是"器";把无形之"道"和有形之"器"相互结合以致用,就是"变";推广而行,应用于天下,就是"通";制定具体措施在天下百姓中实施,就是"事业"。

二、兵法论述中关于变革型领导思想的体现

(一)关于兵法之道的论述,首先是不好战

❖《道德经》

夫兵者,不祥之器,物或恶之,故有道者不处。君子居则贵左,用兵则贵右。兵者不祥之器,非君子之器,不得已而用之,恬淡为上,胜而不美,而美之者,是乐杀人。夫乐杀人者,则不可得志于天下矣。吉事尚左,凶事尚右。偏将军居左,上将军居右。言以丧礼处之。杀人之众,以悲哀莅之,战胜以丧礼处之。

【译文】

兵器啊,是不祥的东西,人们都厌恶它,所以有"道"的人不使用它。君子平时居处就以左边为贵(暗示要激进,追求极致,做到最好),而用兵打仗时就以右边为贵(暗示要思考再三,慎重做出决策)。兵器这个不祥的东西,不是君子所使用的东西,万不得已而使用它,最好淡然处之,胜利了也不要自鸣得意,如果自以为了不起,那就是喜欢杀人。凡是喜欢杀人的人,就不可能得志于天下。吉庆的事情以左边为上,凶丧的事情以右方为上。偏将军居于左边,上将军居于右边,这就是说要以丧礼仪式来处理用兵打仗的事情。战争中杀人众多,要用哀痛的心情参加,打了胜仗,也要以丧礼的仪式去对待战死的人。

❖《孙子兵法》

是故百战百胜,非善之善也;不战而屈人之兵,善之善者也。

【译文】

所以,百战百胜,算不上是最高明的;不通过交战就降服全体敌人,才是最高明的。

(二)军事是涉及国家安危的大事,要高度重视

❖《孙子兵法》

孙子曰:兵者,国之大事,死生之地,存亡之道,不可不察也。

【译文】

孙子说:战争是一个国家的头等大事,关系到人民的生死、国家的存亡,是不能不慎重周密地观察、分析、研究的。

(三)要关心士兵,上下同欲者胜

❖《孙子兵法》

故知胜有五:知可以战与不可以战者胜,识众寡之用者胜,上下同欲者胜,以虞待不虞者胜,将能而君不御者胜。此五者,知胜之道也。

【译文】

所以,预见胜利有五个方面:能准确判断仗能打或不能打的,胜;知道根据敌我双方兵力的多少采取对策者,胜;全国上下、全军上下,意愿一致、同心协力的,胜;以有充分准备来对付毫无准备的,胜;主将精通军事、精于权变,君主又不加干预的,胜。以上就是预见胜利的方法。

❖《孙子兵法》

视卒如婴儿,故可以与之赴深溪;视卒如爱子,故可与之俱死。厚而不能使,爱而不能令,乱而不能治,譬若骄子,不可用也。

【译文】

对待士卒像对待婴儿,士卒就可以同他共患难;对待士卒像对待自己的儿子,士卒就可以跟他同生共死。如果对士卒厚待却不能使用,溺爱却不能指挥,违法而不能惩治,那就如同娇惯了的子女,是不可以用来同敌作战的。

三、其他文学经典中变革型领导思想的体现

❖《论语·卫灵公第十五》

子贡问曰:"有一言而可以终身行之者乎?"子曰:"其'恕'乎!己所不欲,

勿施于人。"

【译文】

子贡问道:"有一个可以终身奉行的字吗?"孔子说:"大概是'恕'吧!自己不想要的,不要施加给别人。"

❖《道德经》

知人者智,自知者明。胜人者有力,自胜者强。知足者富,强行者有志,不失其所者久,死而不亡者寿。

【译文】

能了解、认识他人叫作智慧,能认识、了解自己才算聪明。能战胜他人是有力的,能克服自己的弱点才算刚强。知道满足的人才是富有的人,坚持力行、努力不懈的就是有志。不离失本分的人就能长久不衰,身虽死而"道"仍存的,才算真正的长寿。

第七章 其他领导力理论
Other Leadership Theories

随着研究的不断深入,领导力理论的研究重点逐渐向如何调动追随者的积极性、领导者的品德和跨文化背景下领导力等方面发展,并取得了一些共识。本章简单介绍参与型领导力理论、伦理/道德领导力理论、诚信领导力理论和跨文化领导力理论。

第一节 参与型领导力理论

作为一种新型的领导力理论,参与型领导(Participative Leadership)受到越来越多的关注。从现有文献来看,国外学者开展的相关研究已经取得一些成果,也达成了一定的共识,认为参与型领导在鼓励下属参与决策过程,发挥下属积极性方面有积极作用。有的研究表明,在全球化背景下,领导者鼓励各类人才参与决策,对提升决策的科学化水平有着重要作用。

1997年,Kahai等人最先定义了"参与型领导"的概念和典型行为,他们认为,参与型领导行为是领导者提倡和支持下属参与到决策过程中,并与下属共同分享决策权力的行为。2004年,Amabile等人提出,参与型领导行为是指领导者鼓励下属积极发表想法,并给下属提供参加决策所需要的信息和资源的一系列行为。2010年,Huang等人提出,参与型领导行为是通过给予下属更多的自主工作空间、自主决策权力和更多的关心、影响、支持来提高下属在决策过程中的参与度,并通过与下属共享信息和观点,从而实现领导与下属共同决策的一系列领导行为。

一、参与型领导力理论的主要内容

参与型领导就是让下属参与管理的一种民主领导方式或领导风格,其本质在于领导者能够让追随者参与决策和管理,从而增强追随者的主人翁意识,使追随者更容易把个人目标融入组织目标之中,视达成组织目标为己任。根据相关研究结果,在以下两种情况下,参与型领导对组织绩效的提升比较明显:一是组织的任务是模糊的、不明确的和不清晰的,就是任务的挑战性比较大;二是追随者的自主性、自我控制和工作思路比较清晰,追随者的整体素质比较高。

参与型领导的特点:领导者鼓励员工献计献策,并非传统的权威命令式领导;领导者让追随者参与管理,上下级处于平等地位且完全信任,有问题时,双方民主协商、讨论解决;领导者决策以广泛参加的形式进行,由最高领导层最后决定;参与型领导不仅有上下级之间的双向沟通,而且有同级之间的平行沟通。

二、参与型领导力理论的优缺点

参与型领导力理论的优点如下:

(1)参与型领导可以激发追随者的工作创造性,从而提高组织绩效。每个人都会努力实现自己的决策,作为追随者来讲,如果自己的决策被领导者采纳或者自己参与了决策的过程,那么实现这个目标是追随者非常看重的。从这一点来讲,参与型领导也是激发追随者的创造性、发现和培养新的领导者的方式之一。

(2)参与型领导可以促进决策的科学化,从而实现组织内的民主化。面对变化的环境和出现的新生事物,包括领导者在内的每个人都不一定能够做到全面深刻地认识它们。参与式领导提供了一个大家都能发表自己意见的机会,最终拿出一个最优的方案,从而实现科学决策。

(3)参与型领导鼓励上下级沟通,进而增强追随者的主人翁意识。领导者不仅听取员工意见,并且鼓励员工与上级沟通交流,参与决策,使员工感受到工作的意义,提高自我效能,从内心对工作产生热情,增强满意度与组织承诺等,追随者主人翁意识得到树立和强化。

参与型领导力理论的主要缺点是决策可能需要较长的时间,会影响工作效率。

需要说明的是,在紧急情况下不适合采用参与型领导。

三、参与型领导力的度量

表7-1为Arnold、Arad、Rhoades和Drasgow(2000)等人提出的参与型

领导力量表。该量表由单个维度构成,共有 6 个问题,由领导者自评完成。领导者可以反思自己的参与型领导力。

表 7-1 参与型领导力量表

维 度	问 题
单维度	1. 我会鼓励下属说出他们的想法或意见。 2. 我乐于听取下属的想法和建议。 3. 我会采纳下属的建议来制定相关决策。 4. 我会给所有下属表达他们想法的机会。 5. 当我的意见与团队不一致时,我会考虑团队的意见。 6. 我会根据自己的想法制定决策(反向)

四、参与型领导力在中华优秀传统文化中的体现

❖《资治通鉴·汉纪三》

帝置酒洛阳南宫,上曰:"彻侯、诸将毋敢隐朕,皆言其情:吾所以有天下者何?项氏之所以失天下者何?"高起、王陵对曰:"陛下使人攻城略地,因以与之,与天下同其利;项羽不然,有功者害之,贤者疑之,此其所以失天下也。"高祖曰:"公知其一,未知其二。夫运筹策帷帐之中,决胜于千里之外,吾不如子房。镇国家,抚百姓,给馈饷,不绝粮道,吾不如萧何。连百万之军,战必胜,攻必取,吾不如韩信。此三者,皆人杰也,吾能用之,此吾所以取天下也。项羽有一范增而不能用,此其所以为我擒也。"群臣说服。

【译文】

汉高祖刘邦在洛阳南宫摆酒宴,说:"各位王侯将领不要隐瞒我,都说出真实的情况,我得天下的原因是什么呢?项羽失天下的原因是什么呢?"高起、王陵回答说:"陛下让人攻取城池、取得土地,就把它(城镇、土地)赐给他们,与天下的利益相同;项羽却不是这样,他杀害有功绩的人,怀疑有才能的人,这就是他失天下的原因。"刘邦说:"你只知道一个方面,却不知道另一个方面,在大帐内出谋划策,在千里以外一决胜负,我不如张良;平定国家,安抚百姓,供给军饷,不断绝运粮的道路,我不如萧何;联合众多的士兵,只要打仗一定胜利,只要攻城一定拿下,我不如韩信。这三位都是人中豪杰,我能够任用他们,这是我得到天下的原

因。项羽有范增却不任用,这就是项羽被我打败的原因。"众大臣心悦诚服。

❖《道德经》第十七章

太上,下知有之。其次,亲而誉之。其次,畏之。其次,侮之。信不足焉,有不信焉。悠兮,其贵言。功成事遂,百姓皆谓我自然。

【译文】

最好的统治者,人民并不知道他的存在;其次的统治者,人民亲近他并且称赞他;再次的统治者,人民畏惧他;更次的统治者,人民轻蔑他。统治者的诚信不足,人民就不会相信他。最好的统治者很悠闲,很少发号施令。事情办成了,老百姓会说"我们本来就是这样的"。

第二节 伦理/道德领导力理论

一、伦理/道德领导理论的提出

第二次世界大战期间,希特勒犯下了累累罪行,战争造成几千万人的死亡。在这种情况下,领导者的伦理和道德标准引起了领导力研究者的重点关注。

较早提出道德领导理论的学者是美国的教育家托马斯·萨乔万尼(Thomas J. Sergiovanni),他于1992年在《道德领导——抵及学校改善的核心》(*Moral Leadership:Getting to the Heart of School Improvement*)一书中较系统地阐述了道德领导的基本理念。他认为,过去的领导理论过于重视领导者的"特质论""行为论",忽略了与道德相关的层面,如信念、价值观等,必须加以弥补,所以倡导道德领导有其必要性。

伦理/道德领导力(Ethical/Moral Leadership)的研究目前还在起步阶段,关于伦理/道德领导力的定义、应用和度量等还不够系统和全面。在定义方面,笔者认为,伦理/道德领导力是领导者尊重伦理和道德标准、尊重别人的尊严和权利,从而对追随者在伦理和道德标准方面产生正面和积极的影响。

在伦理/道德领导力的度量方面,周飞等人采用翻译过的布朗(Brown)等人(2005)开发的问卷对道德领导力进行测量,以福建泉州、福州、厦门等地的企业为研究对象开展了一系列的研究并取得了相应成果,该量表见表7-2。

请您根据自己的实际感受和体会,用下面8项描述对您的主管进行评价和判断,并在最符合的数字上画圈。评价和判断的标准如下:1——非常不同意,2——不同意,3——不好确定,4——同意,5——非常同意。

表7-2 道德领导力的度量量表

序号	描 述	评 价				
1	就道德而言,公司的领导是一个正确做事的模范	1	2	3	4	5
2	相对于结果,公司的领导更加重视做事应该遵循的规则	1	2	3	4	5
3	公司的领导善于倾听员工意见	1	2	3	4	5
4	公司的领导决策公正公平	1	2	3	4	5
5	公司的领导值得信任	1	2	3	4	5
6	公司的领导会对违反伦理准则的员工进行处罚	1	2	3	4	5
7	公司的领导会和员工讨论做事的伦理道德	1	2	3	4	5
8	公司的领导在日常生活中也总是强调伦理道德	1	2	3	4	5

分数计算:选1得1分,选2得2分,依此类推,选5得5分。得分越高代表领导者越重视道德建设。

二、伦理/道德领导力在中华优秀传统文化中的体现

和西方理论研究的匮乏相比,伦理/道德领导力思想在中华优秀传统文化中有着非常广泛和深入的体现,对伦理和道德的推崇与重视使得中华文明源远流长,充满了生机和活力。

❖《道德经》

圣人常无心,以百姓之心为心。善者,吾善之;不善者,吾亦善之,德善。信者,吾信之;不信者,吾亦信之,德信。

【译文】

圣人常常是没有私心的,以百姓的心为自己的心。对于善良的人,我善待他;对于不善良的人,我也善待他,这样就可以得到善良,从而使人人向善。对于守信的人,我信任他;对不守信的人,我也信任他,这样可以得到诚信,从而使人人守信。

❖《资治通鉴·周纪》

才德全尽谓之圣人,才德兼亡谓之愚人,德胜才谓之君子,才胜德谓之小人。

【译文】

德才兼备称之为圣人,无才无德称之为愚人,才胜于德称之为小人,德胜于才称之为君子。

❖ 《王阳明文集寄杨邃阁老书》

夫权者,天下之大利大害也,小人窃之以成其恶,君子用之以济其善。故君子之不可一日去,小人之不可一日有者也。

【译文】

大权在握的人,可以成就天下大利,也可以成为天下大害。如果小人窃权就会祸害天下,如果君子用权就会济善天下。故君子面对权力不能回避,而小人一天都不能拥有权力。

第三节 诚信领导力理论

一、诚信领导力理论的研究与度量

(一)诚信领导力的概念

诚信领导力(Integrity/Authentic Leadership)的研究目前主要集中在概念界定和理论模型开发阶段,表7-3列出了部分学者对诚信领导力的定义。

表7-3 部分学者对诚信领导力的定义

学 者	时 间	定 义
Avolio	2003	一种产生于积极心理资本与高度开发的组织情境过程,这种过程能够激发领导者与其追随者采取更多的自我意识和自我调节的积极行为,并促进更积极的自我发展
George	2003	主要是采用智慧领导的方式来服务他人,并且此领导的主要特色是以内在真心、热情和怜悯的特质来引导与帮助下属,而异于某些领导主要是采用自己的权力、金钱与声望的方式来带领下属
Lord & Brown	2004	能够识别下属的长处并直接有效地帮助他们,使他们完成任务
Avolio,Luthans & Walumbwa	2004	那些深刻意识到自己是怎样去思考和行动,并且在其他人看来能够清楚认识自己和他人的价值观、知识和自身优势,了解自己的工作情景,他们自信、满怀希望、乐观、灵活、展现高水平的道德水准
Cooper 等人	2005	围绕着信心、希望、乐观与恢复力的积极心理资本

续表

学　者	时　间	定　义
Shamir & Eilam	2005	偏向描述领导者价值观或信念以及领导者风格或意图，认为真诚的追随者是因为真诚的理由才追随领导者，且与领导者间有真诚的关系
Ilies,Morgeson & Nahrgang	2005	包含四项内涵：自我知觉、不偏误处理、真诚行为和真诚关系取向
Gardner,Avolio & Luthans 等人	2005	聚焦于自我知觉与自律，在自我知觉中领导者应该清楚了解自身的价值观、身份、情绪和动机目标，而自律有关的特点包含内化的自律行为、平衡的资讯处理、关系透明化和真诚行为
Walumbwa 等人	2008	利用并促进积极心理能力与积极伦理环境的领导行为模式，这种模式有助于领导者及其追随者在工作中形成更高水平的自我认识、内化道德观并实现信息平衡处理和关系透明

(二)诚信领导力理论研究

Ilies 等人(2005)以 Kemis(2003)有关诚信领导力理论研究取得的成果为基础，提出了诚信领导的四维模型，认为诚信领导由自我意识、无偏见加工、诚信行为和诚信关系导向构成。自我意识是指对自己的个人特征、价值观、动机、情感及认知等方面的认识程度。无偏见加工指主体在对与自我相关的信息进行加工时，能够不否认、不歪曲、不忽视私人信息、内部经验及外部评价。诚信行为意味着个人的行为与其价值观、偏好和需要具有一致性，而不是仅仅为了取悦他人或通过虚假行为去达到趋利避害的目的。诚信关系导向包括在人际关系中重视公开性和信任，以及竭力去寻求公开性和信任。

谢衡晓基于我国的文化背景，提出了诚信领导的五因素结构：下属导向(包括如实评价下属贡献、尊重下属、不离间下属、对下属坦诚和说话算数)、循规蹈矩(包括遵守社会公德、恪守自己的信念、遵纪守法、以身作则和坚持原则)、领导特质(包括有远见、有激情、敢于创新、有亲和力和有魄力)、诚实不欺(包括不发布虚假信息、不弄虚作假、不说一套做一套和不口是心非)和正直无私(包括真诚对待下属、做事公平公正、对上对下态度一致以及不会为个人私利而损害组织或下属利益)。

(三)诚信领导力的度量

目前,度量诚信领导力的量表较少。诚信领导力的度量一般采用相关领域的研究成果,如采用信任关系(Trust Relationships)、信任领导(Trust Supervisor)、员工信任(Employee Trust)、组织内员工信任(Trust of Employees in Organization)等方面的研究成果。比如,在诚信领导力度量方面,何轩采用经翻译的 Nyhan & Marlow(1997)的量表(见表7-4)进行了问卷调查,并对问卷进行了判别效度的分析。

请您根据自己的实际感受和体会,用下面6项描述对您的上级进行评价和判断,并在最符合的数字上画圈。评价和判断的标准如下:1——非常不同意,2——不同意,3——有点不同意,4——有点同意,5——非常同意。

表7-4 信任领导力量表

序号	描述	评价				
1	我的上级对于他的岗位任务可以很好地理解与把握	1	2	3	4	5
2	我的上级对于任务能坚持到底	1	2	3	4	5
3	我的上级告诉我一些事情时,我会相信	1	2	3	4	5
4	我的上级会把他所做的工作考虑得非常清楚	1	2	3	4	5
5	我的上级对于工作上的决策都能比较好地坚持	1	2	3	4	5
6	我的上级在技术上能胜任他的工作	1	2	3	4	5

在组织内员工信任的测量方面,郑晓涛、石金涛和郑兴山等人对Romano设计的问卷进行了翻译,形成了组织内员工信任量表(见表7-5)。

请您根据自己的实际感受和体会,用下面6项描述对您的上级进行评价和判断,并在最符合的数字上画圈。评价和判断的标准如下:1——非常不同意,2——不同意,3——不好确定,4——同意,5——非常同意。

表 7-5　组织内员工信任量表

序号	描述	评价				
1	我的上级会保护我的利益	1	2	3	4	5
2	我的上级会站在我们的立场上想问题	1	2	3	4	5
3	我信任我的上级	1	2	3	4	5
4	我的组织会保护我的利益	1	2	3	4	5
5	我的组织会站在我们的立场上想问题	1	2	3	4	5
6	我信任我的组织	1	2	3	4	5

分数计算：选1得1分，选2得2分，依此类推，选5得5分。得分越高说明组织内员工对组织及组织的领导者诚信程度认可越高。

二、诚信领导力在中华优秀传统文化中的体现

和伦理/道德领导力一样，诚信领导力在中华优秀传统文化中有着充分的体现。诚信作为中华传统美德之一，自古就受到中华民族的高度重视。千百年来，诚信早已渗透到社会生活的诸多方面，被视为社会成员应当遵守的道德准则，且早已内化为中华民族的深层道德意识，成为中国人立身兴邦之本，成为社会主义核心价值观的主要内容。

❖《论语·颜渊》

子贡问政。子曰：足食，足兵，民信之矣。子贡曰：必不得已而去，于斯三者何先？曰：去兵。子贡曰：必不得已而去，于斯二者何先？曰：去食。自古皆有死，民无信不立。

【译文】

子贡向孔子请教治理国家的办法。孔子说，只要有充足的粮食、充足的战备以及人民的信任就可以了。子贡问，如果迫不得已要去掉一项，三项中先去掉哪一项？孔子说：去掉军备。子贡又问，如果迫不得已还要去掉一项，两项中去掉哪一项？孔子说，去掉粮食。自古人都难逃一死，但如果没有人民的信任，什么都谈不上了。

第四节 跨文化领导力理论

跨文化领导力(Cross-cultural Leadership)是一个新提出的概念,目前还没有明确的定义,也没有形成系统全面的理论体系和评价体系。之所以要介绍跨文化领导力的相关内容,主要出于两个方面的考虑:一是,随着全球化进程越来越快,越来越多的组织聚集了不同文化背景的员工,在这种情况下需要领导者具备跨文化方面的领导力。二是,领导力为什么没有一个统一的、大家都认可的定义?原因在于,不同文化背景下对领导力的认识不同。正如 Brodbeck(2000)提出,不同文化实体中的杰出领导者是具有不同特征的,领导活动是受文化背景和氛围影响的,领导特质、领导行为在不同的文化背景下有不同的理解和表现。在这种情况下,越来越多的领导力理论研究者对跨文化领导力越来越关注,跨文化领导力的研究也越来越活跃。

为了深入认识不同文化背景下的差异,笔者介绍荷兰文化协作研究所所长吉特·霍夫斯坦特(G. Hofstede)教授一项关于描述文化差异指标的实证研究成果。霍夫斯坦特认为不同的文化背景下所要求的领导特质和素质不同,因此会有不同的领导行为,继而又对领导效能产生不同的影响。1980年,基于对全球40多个国家的IBM分公司的经理和员工的调查,霍夫斯坦特进行了关于跨文化方面的研究并发现了四个描绘不同文化差异的关键因素:权力距离、不确定性规避、个人主义和集体主义、男性主义和女性主义。

1. **权力距离**(Power Distance)

霍夫斯坦特认为,权力距离是一个社会接受组织中权力不平等分配的程度。权力距离高,说明大家认可权力的不平等,反之,说明大家会认可权力的平等。由于权力距离与领导力直接相关,因此对权力距离的看法直接影响领导者和下属的行为。比如在高权力距离的社会中,权威式领导更容易被接受且更加有效。

2. **不确定性规避**(Uncertainty Avoidance)

不确定性规避是指一个社会对不确定性和模糊性的情况感到威胁并采取行动来预防或避免这些情况发生的程度。高不确定性规避社会中的领导者的行为往往是更多的控制,减少授权。制订详细的计划和规则是高不确定性规避背景下的领导者的典型行为,而在低不确定性规避环境中,灵活性和创新更受重视。

3. 个人主义与集体主义（Individualism versus Collectivism）

高个人主义文化的特点是一个松散的社会框架中，每个社会成员的联系不是很紧密。高集体主义文化的关键特征是一个紧密的社会框架，具有强大的和凝聚力的团体。

4. 男性主义和女性主义（Masculinity versus Femininity）

霍夫斯坦特表示，男子气概意味着果断、自信、咄咄逼人，女性文化中的领导者直觉敏锐，善于合作，并且寻求共识。

德国人、巴西人和美国人之间存在明显的文化差异，霍夫斯坦特根据研究结果从四个维度比较了美国、巴西和德国的文化差异（见表7-6）。

表7-6 美国、巴西与德国的文化比较

	权力距离	不确定性规避	个人主义/集体主义	男性主义/女性主义
美国	较低	较低	个人主义	男性主义
德国	较低	较高	个人主义	男性主义
巴西	较高	较高	集体主义	女性主义

2001年，霍夫斯坦又将未来导向作为文化难度的第五个指标。他认为，这五种文化因素会对领导者的领导行为产生重要影响。

有关跨文化领导力的理论和评价方面的研究成果较少，基本处在研究和探索之中。

前七章介绍了一些经典的领导力理论的主要内容，并对其应用、评价、度量以及在中华优秀传统文化中的体现进行了详细论述。需要说明的是，近年来，随着大家对领导力研究、教育及培训的重视，国内外学者在领导力的理论研究及实践应用方面不断取得新的成绩，感兴趣的同学可以查阅相关文献学习领会。这里就不再详细介绍。

第八章 领导技能
Leadership Skills

第一节 领导技能概述

领导技能是领导者应该拥有的、能够激励和影响追随者去完成既定目标的技能。领导技能关注的是领导者本身,但是与特质理论所关注的领导者特质不同的是,领导技能更加关注实现有效领导的技术和能力。领导技能可以通过领导者的实践活动来获得,也可以通过学习、观察和模仿成功领导者获得。相对于已经参加工作的人员,在校大学生的实践机会相对较少,因此通过学习、观察和模仿成功领导者是在校大学生培养和提升领导技能的重要途径。

西方学者对领导技能进行了深入的研究,也有了不少的研究成果,下面介绍两个比较典型的领导技能模型。

一、三项领导技能模型

根据自己在管理方面的研究和自己的工作经验,Katz 指出有效的管理依赖管理者的三个技能,即技术能力、人力资源技能和概念性技能。技术能力是指有关行业或者工作需要的有关知识和能力,人力资源技能是与人打交道的知识和能力,概念性技能是处理概念和想法的能力。根据 Katz 的研究结果,技术能力对基层和中层管理岗位上的领导者比较重要,人力资源技能对基层、中层和高层管理岗位上的领导者都很重要,概念性技能对中层和高层管理岗位上的领导者非常重要。随着职位的提升,如果高职位的领导者没有较强的概念性技能,这个领导者会给自己领导的组织带来灾难性的打击。因为随着职位越来越重要,组织的改革发展需要高职位的领导者能够指明方向、路径和愿景,这时领导者的概念性技能就比较重要。三项领导技能模型如图8-1所示。

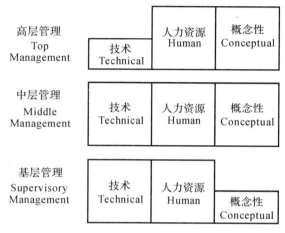

图8-1 三项领导技能模型

二、领导技能模型

M. D. Mumford等人认为领导技能模型由三个部分构成:一是个人特质,包括一般认知能力、专业认知能力、激励和个性;二是能力素质,包括解决问题能力、社会判断能力和知识;三是领导力产出,包括有效解决问题和绩效。职业经验和环境影响对领导技能也有着较大影响。领导技能模型如图8-2所示。

从领导技能的角度研究领导力具有多个优点。第一,它是一个以领导者为中心的模型,从领导者在从事领导活动中解决问题的角度强调领导技能的重要性。这和特质理论强调的是不一样的,同时这一点也非常重要,因为技能可以通过训练、观察和体悟得到提升。第二,领导技能从另外一个角度解释了如何实现有效领导的行为,这使得领导力的实践具有了比较明确的路线图。第三,这种方法为领导力教育和开发项目提供了一个支撑,人们可以通过学习和训练领导技能来提升领导力。

大学生领导力教育与实践

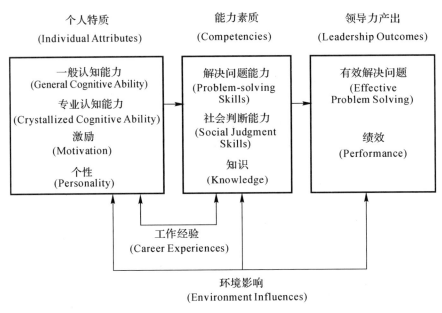

图 8-2 领导技能模型

除了上述优点外,领导技能模型也有一些不足:一是领导技能模型的广度似乎超出了领导力的边界,领导技能包含的内容非常广泛,包括冲突管理、批判性思维、激励理论和人格理论等。二是领导技能模型的预测性较弱,只能在事后观察该项领导技能是否有效地解决了问题,但是在事前无法预测。

尽管领导技能模型还有很多不完善的地方,但有一点可以肯定,领导技能可以在实际工作中通过总结经验来形成,也可以通过学习、观察以及模仿等方式来实现,这一点对大学生领导力教育和实践非常重要。因为大学生的工作经验很少,学习领导技巧、观察和模仿领导行为、体悟领导方法是大学生提升领导力的主要渠道。

领导技能涉及范围非常广,分类也不尽相同。本章选取了 25 种笔者认为对大学生提升领导力比较重要的领导技能,通过对 25 种领导技能的基本描述、训练养成、评估及度量,帮助学生认识、理解、学习、实践及自我测评领导技能,进而全面提升自身的领导力。同时,为了加强领导技能的本土化理解,在每个领导技能后面附了一些国学经典,帮助大家学习中华优秀传统文化,结合实际理解和提升自己的领导技能。

第二节 25种领导技能

一、主动倾听技能(Active Listening Skill)

(一)主动倾听技能的基本描述

主动倾听技能的主要作用就是全面、准确地理解他人。我们每天都在听别人说话,但问题是,我们是否准确掌握了他人想要表达的信息。对于领导者来讲,主动倾听能让自己更加全面地掌握信息,从而在决策时更加科学;对于追随者来讲,主动倾听让自己能够准确理解领导者的意图,从而更加有效地推进工作。

做到主动倾听容易吗?"沟通中的漏斗效应"是这样描述的,在沟通中,一个人心里所想的内容是100%,由于语言表达的原因只能讲出来80%,由于环境和注意力不集中等原因别人只听到了60%,由于文化背景和理解力等方面的原因别人只听懂了40%,最后别人的行动只达到了你心里所想的20%(见图8-3)。沟通中的漏斗效应形象说明了在沟通中的信息衰减,也强调了领导者在领导行为中要注意这种信息的衰减,主动倾听,同时也要提升沟通效率,让追随者做到主动倾听自己,做到正确理解他人和让他人正确理解自己。

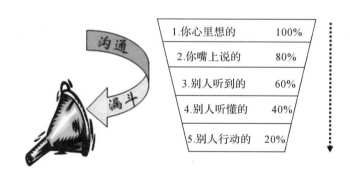

图8-3 沟通中的漏斗效应

(二)主动倾听技能的训练养成

能够主动倾听的领导者有什么样典型的行为特征呢?一是在倾听过程

中注意力非常集中,领导者在主动倾听时伴随着非常复杂的心理活动,脑子里面不断在思考:他为什么这样讲?原因到底是什么?我应该说什么?我说的内容是否能够契合他表达的想法?二是在倾听过程中非常注重非语言信息的捕捉,包括眼神交流(会让说话者觉得你在关注他,很在意他说的话)、肢体语言。三是非常注意实时提供反馈,通过提问或者阐明某些观点来验证自己是否全部掌握了讲话者的意图,鼓励讲话者继续自己的谈话内容。

1. HURIER 模型

著名的 HURIER 模型,给出了有效倾听的要素和提升倾听技能的办法(见图 8-4)。

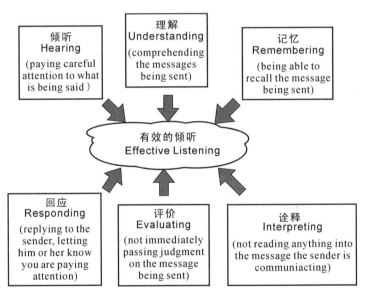

图 8-4 HURIER 模型

H:Hearing,倾听,注意他人在说什么,并思考为什么要说这些。

U:Understanding,理解,理解所传递的信息,重点理解信息的重点是什么。

R:Remembering,记忆,记住所传递的信息,厘清他人信息传递的层次及思路。

I:Interpreting,诠释,结合信息传递者背景对所传递的信息进行附加解读。

E：Evaluating，评价，对传递的信息进行评估判断。

R：Responding，回应，回应信息传递者，让他了解你所关注的。

2. 理解肢体语言

在主动倾听技能中，对肢体语言的理解非常重要，因为肢体语言除了包含大量的信息外，更重要的是肢体语言的形态和变化比较真实反映了当时的心理状态。图8-5列出了几种典型的肢体语言代表的心理状态，大家可以仔细观察，比较自己的观察与理解是否正确。

图8-5 典型肢体语言代表的心理状态

3. 主动倾听的技巧

下面列出部分提升自己主动倾听的技巧，供大家在实践时运用和体会。

(1) 目光接触：当你说话时对方却不看你，你的感觉如何？大多数人将其解释为冷漠或不感兴趣。虽然你只是用耳朵在倾听，但是别人可以通过观察你的眼睛来判断你是否真的在听。

(2) 要适时地点头表示赞许：赞许要配合恰当的面部表情，有效的倾听者会对所听到的信息表现出兴趣，可以通过一些非语言的信息，如表示同意的点头、恰当的面部表情、积极的目光接触等，都可以让说话者知道你在认真地倾听。

(3)不要做出分心的举动和手势:尽量避免做出让人感觉你的思想在游走的举动,让说话者知道你确实是在认真地倾听。在倾听时,不要出现下面的举动:一直看表,心不在焉地乱翻档案,随手拿笔乱写乱画,这些举动会让说话者感到你很厌烦,对话题不感兴趣,更重要的是,这表明你并没有集中注意力,因此很可能会漏掉说话者传达的一些有效的信息。

(4)有效重复:用你自己的话把说话者要表达的信息重新再叙述一遍。有些人在倾听时会这样说:"你的意思是不是……"或者"我觉得你说的是……"。有效重复对主动倾听非常重要,原因有二:一是因为有效重复是表明你在认真倾听的最佳手段。如果你没有注意倾听或者在思考别的内容,那么一定不可能准确地叙述说话者说的内容。二来这也是一种精确的控制机制。复述说话者的信息,并将此信息进行反馈,也可以检验自己理解的准确性。

(5)不要在倾听中途打断说话者:在你表达自己的意见和态度之前,先听完说话者的想法。在别人说话时不要试图去猜测他的意思,等他讲完后,你自然就明白了。

(6)少说为妙:大多数人都只愿意倾诉自己的想法而不是聆听他人的想法。有的人愿意去倾听,其目的是因为这样可以换取别人对他的倾听。尽管说的乐趣可能要远大于听的,因为沉默会让人难受,但是当一个人完全理解了少说的妙处或者倾听他人说话的妙处时,你会有不一样的收获和体验。

(7)顺利转换倾听者与说话者的角色:在大部分工作环境中,倾听者与说话者的角色常常在转换。有效的倾听者能够使说话者到倾听者以及倾听者再回到说话者的角色转换十分流畅。从倾听的角度而言,这代表着倾听者正全神贯注于谈话内容。

(三)主动倾听技能的评估及度量

根据自己的实际感受和体会,在最符合的数字上画圈,可以对自己或者自己熟悉的人的主动倾听技能进行评价(见表8-1)。评价标准如下:1——非常不符合,2——不符合,3——不好确定,4——符合,5——非常符合。

表 8-1 主动倾听技能度量表

序号	行为表现	评价				
1	能够集中注意力	1	2	3	4	5
2	不打断他人说话	1	2	3	4	5
3	能够重述问题	1	2	3	4	5
4	理解他人说的内容	1	2	3	4	5
5	热情回应	1	2	3	4	5
6	在合适的时候做出回答	1	2	3	4	5
7	不是简单的回答"是"或"不是"	1	2	3	4	5
8	不停地变换主题	1	2	3	4	5

分数计算：选1得1分，选2得2分，依此类推，选5得5分。得分越高说明自己或别人主动倾听技能的越好。

(四)国学中的经典

❖《西游记》小故事

祖师闻言，咄的一声，跳下高台，手持戒尺，指定悟空道："你这猢狲，这般不学，那般不学，却待怎么？"走上前，将悟空头上打了三下，倒背着手，走入里面，将中门关了，撇下大众而去。唬得那一班听讲的，人人惊惧，皆怨悟空道："你这泼猴，十分无状！师父传你道法，如何不学，却与师父顶嘴！这番冲撞了他，不知几时才出来呵！"此时俱甚报怨他，又鄙贱嫌恶他。悟空一些儿也不恼，只是满脸陪笑。原来那猴王已打破盘中之谜，暗暗在心。所以不与众人争竞，只是忍耐无言。祖师打他三下者，教他三更时分存心；倒背着手走入里面，将中门关上者，教他从后门进步，秘处传他道也。

❖《孙子兵法·行军篇》

杖而立者，饥也；汲而先饮者，渴也；见利而不进者，劳也；鸟集者，虚也；夜呼者，恐也；军扰者，将不重也；旌旗动者，乱也；吏怒者，倦也；杀马肉食者，军无粮也；悬缸不返其舍者，穷寇也；谆谆翕翕，徐与人言者，失众也；数赏者，窘也；数罚者，困也；先暴而后畏其众者，不精之至也；来委谢者，欲休息也。兵怒而相迎，久而不合，又不相去，必谨察之。

【译文】

倚仗手中兵器站立的,是饥饿缺粮;从井里打水而急于先饮的,是干渴缺水;见利而不前进的,是由于疲劳过度;营寨上有飞鸟停集的,说明营寨已空虚无人;夜间有人惊呼的,说明心里恐惧;纷扰无秩序的,是其将帅没有威严;旌旗乱动的,是其阵形混乱;官吏急躁易怒,是敌军过度困倦;杀马吃肉的,是因为军中没有粮草;收起炊具不回营寨的,是"穷寇";敌兵聚集一起私下低声议论,是其将领不得众心;再三犒赏士卒的,说明已没有别的办法;一再重罚部属的,是陷于困境;将帅先对士卒凶暴后又畏惧士卒的,说明其太不精明;敌人借故派使者来谈判的,是想休兵息战。敌军盛怒前来,但久不接战,又不离去,必须谨慎观察其企图。

二、分析技能(Analytical Skill)

(一)分析技能的基本描述

分析技能是面对存在问题或者新生事物时,通过收集信息、表达、分析来解决复杂问题的能力,分析技能是科学决策的基础。分析技能是一种领导者必不可少的、确保问题得到解决、保证生产活动顺利进行的能力。分析技能的实质是要实现一个闭环的思考,思考闭环包括问题、假设、事实、分析、解决等主要环节。

(二)分析技能的训练养成

大学生遇到的实际问题较少,分析技能的训练养成方法和在职人员是不一样的。一般情况下,大学生分析技能的形成过程为图8-6的右半部分:自下而上分别是记忆、理解、应用、分析、评估、创造,而在职人员分析技能的形成过程是问题、理解、分析、解决、评估、创造。

对于大学生来讲,养成分析思考的习惯重要的是要学会观察,比如在公园散步时,通过观察不同人的行为来尝试理解其行为背后的动机。要尝试寻找不同事物间的关系,比如,一张桌子和一盏灯,看似没有关系,但是要试着深入观察和思考。要练习一步步地去描述一个过程,比如,在你拜访一个朋友之前,先制订一个计划,然后一步步去完成,在脑海中对这件事情进行全过程"模拟"。当需要解决一个问题时,试着列出一个观点的不同论据,列出一个问题的不同解决方案,等等。

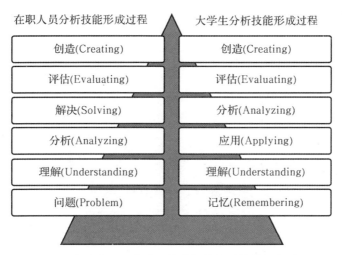

图 8-6 在职人员和大学生的分析技能训练养成主要过程

(三)分析技能的评估及度量

根据自己的实际感受和体会,在最符合的数字上画圈(见表 8-2)。评价标准如下:1——完全不同意,2——不同意,3——有点不同意,4——无所谓,5——有点同意,6——同意,7——完全同意。

表 8-2 分析技能度量表

序号	行为表现	评价						
1	在做决策时,我重视计划的制订和全面信息的收集	1	2	3	4	5	6	7
2	在分析环境时,我全面评估了所有可能的结果并得到替代方案	1	2	3	4	5	6	7
3	我寻找那些看起来有希望实现的机会	1	2	3	4	5	6	7
4	在分析或者讲述一个事件时,我能讲清楚事件发生的前因后果	1	2	3	4	5	6	7
5	我对熟悉的人的行为反应一般可以准确预测	1	2	3	4	5	6	7

分数计算:选 1 得 1 分,选 2 得 2 分,依此类推,选 7 得 7 分。得分越高代表具有越高的分析技能。

(四)国学中的经典

❖《长短经》

《长短经》全面分析了仁、义、礼、乐、名、法、刑、赏8种治世之术,强调要从正、反两个方面全面理解和分析每种治世之术带来的影响。

故尹文子曰:"仁义礼乐、名法刑赏,此八者,五帝三王治世之术。"

【译文】

所以战国时的尹文子说:"仁、义、礼、乐、名、法、刑、赏,这八种治国策略,是五帝(黄帝、颛顼、帝喾、唐尧、虞舜)和三王(夏禹、商汤、周文王)治理国家的基本方法。"

故仁者,所以博施于物,亦所以生偏私。(反仁也。议曰:在礼,家施不及国,大夫不收公利。孔子曰:"天子爱天下,诸侯爱境内,不得过所爱者,恶私惠也。"故知偏私之仁,王者恶之也。)

【译文】

仁爱这种政治主张,本来是要一视同仁地对待全国百姓,可是在实行的过程中却会生出偏心来,鼓励了某些人的私欲。(这就是仁爱的流弊。《礼记》中讲过:从原则上讲,给某一家的奖励、优待不应该普及全国。在国家机关服务的人,做官当领导,不应该假借公家的名誉为自己捞好处。孔子说:"皇帝关爱天下百姓,各地诸侯关爱自己境内的百姓,各不得超过自己的范围去关爱他人。所以要有这样一种规范,目的就在于反对私人恩惠的出现。"由此可知,一位贤明的君王,特别憎恶那种假公济私、收买人心的行为。)

义者,所以立节行,亦所以成华伪。(反义也。议曰:亡身殉国,临大节而不可夺,此正义也。若赵相虞卿,弃相捐君,以周魏齐之危;信陵无忌,窃符矫命,以赴平原之急。背公死党之义成,守职奉上之节废,故毛公数无忌曰:"于赵则有功矣,于魏则未为得。"凡此之类,皆华伪者。)

【译文】

节义,本意是要建立一个德行的标准,也有可能变成某些人哗众取宠、背弃大节的伪装。(走向了节义的反面。牺牲性命以殉国难,面对国之存亡与生死抉择而志不可夺,这才是真正的大义。假如像赵国宰相虞卿那样,不做宰相,偷偷逃离赵王,去帮贫贱时的朋友魏齐逃难;或者像魏公子信陵君无忌那样,偷了兵符,假借国王的命令出动三军,以解平原君之急,然而他们都背弃了国家利益。

虽然成全了朋友之间的情义,但是却废弃了忠于职守、克己奉公的大节,赵国隐士毛公责备魏无忌说:"这样做,对赵国虽然有功,对魏国却有害无益。"凡是此类事情,都不过是为了私人情义给自己贴金罢了。)

礼者,所以行敬谨,亦所以生惰慢。(反礼也。议曰:汉时欲定礼,文帝曰:"繁礼饰貌,无益于礼,躬化谓可耳。"故罢之。郭嘉谓曹公曰:"绍繁礼多仪,公体任自然,此道胜也。"夫节苦难贞,故生惰慢也。)

【译文】

礼仪规矩的建立,是为了让人们的言行恭敬严谨,但是懒惰和散漫也会同时产生。(结果走向了礼的反面。汉文帝的时候,有人建议制定礼仪法规,文帝说:"繁文缛节的礼仪,矫柔虚假的形象,对真正的文明礼貌没有好处,以身作则地去教育大家就行了。"于是下令不再谈这个问题。郭嘉曾经对曹操讲过:"袁绍烦琐的仪式和礼节太多,不像曹公你这样直截了当,本色自然,这就从道义上胜过了他啊!"这就说明,遵守烦琐的礼节到了让人叫苦不迭的地步,真正做到就很难了,于是人们只好逃避、偷懒。)

乐者,所以和情志,亦所以生淫放。(反乐也。《乐》书曰:"郑卫之音,乱代之音;桑间濮上之音,亡国之音也。"故严安曰:"夫佳丽珍怪,固顺于耳目。故养失而泰,乐失而淫,礼失而彩,教失而伪。伪彩淫泰,非所以范人之道。")

【译文】

文学艺术,本来是陶冶性情的好东西,但是也会叫人纵欲放荡。(这就是乐的流弊。《乐记》指出:"郑国、卫国的音乐,是乱世的音乐;男女偷情的音乐,是亡国的音乐。"所以严安说:"美人佳丽,珍奇怪诞,固然好听、好看,但淫佚放浪也就由此而生。所以生活得太舒适了,就会滑向堕落;娱乐得过分了,就会出现荒淫;文明礼仪多得过分了,只图形式华丽的东西就泛滥了;对教养学识要求过头了,假冒伪劣的货色就会多起来。'伪、彩、淫、泰'这些反面的东西,是决不能拿来规范人的。")

名者,所以正尊卑,亦所以生矜篡。(反名也。议曰:古者名位不同,礼亦异数,故圣人明礼制以序尊卑,异车服以彰有德。然汉高见秦皇威仪之盛,乃叹曰:"大丈夫当如此!"此所以生矜篡。《老经》曰:"夫礼者,忠信之薄而乱之首。"信矣哉!)

【译文】

名位等级的设立,目的是对身份的高低有个明确的划分,但是骄慢、篡夺的野心也就因此而产生。（这就是等级制度的负作用。人们议论说：古代官位不同，待遇也不同，所以德高望重的人制定出明确的有关地位、待遇的制度，以便使尊卑上下有序，对乘什么车、穿什么颜色、款式的衣服都有不同的规定，为的是表彰有德行的人。然而刘邦看到秦始皇的仪仗、车辇那么威风后，就感叹道："大丈夫就应当这样！"项羽更直截了当地起了"吾当取而代之"的念头。所以老子说："礼仪这个东西，是因为忠信观念淡薄了才制定的，但也是叛乱的开始。"这话说得一点不错。）

法者，所以齐众异，亦所以生乖分。（反法也。议曰：《道德经》云："法令滋彰，盗贼多有。"贾谊云："法之所用易见，而礼之所为至难知也。"又云："法出而奸生，令下而诈起，此乖分也。"）

【译文】

建立法制法规，是为了使人们的行为有准则，人人都安分守己，初衷本来很好，但问题也恰恰出在这里——有人偏偏找到法律的漏洞，做出大奸大恶的事来。（这就是法制的负作用。《道德经》早就讲过，法令越多越明确，犯法的人也就越多。贾谊也说过："法令的条款和运用是有章可循、显而易见的，然而法令以外属于伦理道德范围的准则对人的作用，就极难辨别衡量了。"又说："法令一出台，有人在做坏事之前先研究法律的漏洞，做了坏事既不触犯法规，法律也拿他没办法。道高一尺，魔高一丈。高明的奸诈之徒就是这样产生的。这就是'乖分'的意思。"）

刑者，所以威不服，亦所以生凌暴。

【译文】

刑罚的运用，本来是要威慑、惩罚那些犯法的人，但是执法的人，会出于种种目的滥用刑法或者欺辱犯人。

赏者，所以劝忠能，亦所以生鄙争。

【译文】

奖赏的运用，本来是为了劝勉人忠心效力，尽展其能，但是也会出现卑鄙的竞争。

❖成语典故

城门失火，殃及池鱼。

【译文】

城门失火，大家都到护城河取水，水用完了，鱼也死了。比喻因受连累而遭受损失或祸害。

三、自信(Assertiveness)

(一)自信的基本描述

自信是在尊重他人的感受和权利的同时,表达自己感受或者维护自己权利的一种能力。自信的人能够大大减少生活中的人际冲突,准确理解自己和他人的需求,从而营造一种良好的人际氛围。

那么,自信能够给你带来什么?自信能够改善你的沟通技能,让自己更加充满信心,帮助你建立信誉以获得他人的尊重,提高你的决策能力和领导技能,让你知道自己究竟想要什么,等等。

不自信会给你带来哪些影响呢?不自信的人感到自己经常会被别人利用,经常感到无助,感觉自己经常有很多问题得不到较好解决,对于不合理的要求不会拒绝,经常需要依靠他人来做选择,自我感觉经常是"我还没好""我不合适"等等。不自信的人在情感上是不诚实的、间接的、自我否定的,也是压抑的,他们对于自己的行为感到失望、焦虑,甚至可能经常无缘无故生气。

自信的人具备哪些特征?自信的人坚定而直接,不责怪别人,对自己的感受负全部责任,专注于当下,平静而又轻松地表达自己的需求和感受,对自己有信心,话语坚定并且可以使用眼神交流,尊重他人的权利并期待得到同样的回报。

(二)自信的训练养成

自信可以通过深入体验生活、养成良好的行为习惯来提升,比如要对自己的行为负责,避免经常被别人影响,客观对待赞美和肯定,学会说"不",语言使用"我""我们"而不是"你"或"你们",避免夸大其词,经常求得别人的反馈,等等。总之,在进行自信训练时要掌握一个基本的原则:自信不仅仅考虑自己的需求,同时要考虑他人的需求,最终要在自己的需求和他人的需求之间找到一个平衡点。

(三)自信的评估及度量

根据自己的实际感受和体会,在最符合的数字上画圈(见表8-3)。评价标准如下:1——非常不同意,2——不同意,3——有点不同意,4——有点同意,5——同意,6——完全同意。

表 8-3 自信度量表

序号	行为表现	评价					
1	我对自己的能力充满自信	1	2	3	4	5	6
2	我相信自己能够胜任本职工作	1	2	3	4	5	6
3	我相信自己有能力完成领导交办的任务	1	2	3	4	5	6
4	面对自己犯的错误,我能马上找出主观和客观原因	1	2	3	4	5	6
5	我勇于提出自己的见解	1	2	3	4	5	6
6	对于不确定的结果,我总是往好的方向想	1	2	3	4	5	6
7	我常常感觉自己很倒霉	1	2	3	4	5	6
8	我凡事都看得开,几乎每天都是开开心心的	1	2	3	4	5	6
9	我感觉自己很放松,几乎没有沮丧的时候	1	2	3	4	5	6
10	发生了不愉快的事情,我很快就能把自己的情绪调整好	1	2	3	4	5	6
11	我的朋友说我是一个有抱负的人	1	2	3	4	5	6
12	我喜欢不断给自己设定更高的目标	1	2	3	4	5	6
13	我希望承担有挑战性的任务	1	2	3	4	5	6
14	我每天都在思考如何把工作做得更好	1	2	3	4	5	6
15	我是一个雄心勃勃的人	1	2	3	4	5	6
16	我是一个不到最后绝不放弃的人	1	2	3	4	5	6
17	即使身处地狱,我也想着要把它变成天堂	1	2	3	4	5	6
18	哪怕再苦再累,我相信自己都可以熬过去	1	2	3	4	5	6
19	越是身处困境,我越是坚强	1	2	3	4	5	6
20	我绝对是一个吃苦耐劳的人	1	2	3	4	5	6
21	无论遇到什么风格的领导,我都能适应	1	2	3	4	5	6
22	与自己性格反差很大的人,我也能合作得很好	1	2	3	4	5	6
23	即使不赞成别人的价值观,我还是能与他们和睦相处	1	2	3	4	5	6
24	我总相信"黑暗的背后就是光明,不用悲观"	1	2	3	4	5	6
25	当别人说对自己不利的闲话时,我会一笑而过	1	2	3	4	5	6
26	我比较尊敬单位的领导	1	2	3	4	5	6
27	我几乎没有在公开场合顶撞过领导	1	2	3	4	5	6

续表

序 号	行为表现	评 价					
28	对于年老的同事,我觉得要格外敬重	1	2	3	4	5	6
29	即使领导的能力有限,我也会做到尽量配合	1	2	3	4	5	6
30	我最欣赏的人就是彬彬有礼的君子	1	2	3	4	5	6
31	我经常提醒自己"山外有山,人外有人"	1	2	3	4	5	6
32	我认为同事也有胜过自己的地方	1	2	3	4	5	6
33	我善于发现别人的优点	1	2	3	4	5	6
34	遇到不懂的问题,我会虚心向同事求助	1	2	3	4	5	6
35	没有十足把握的事情,我不会承诺别人	1	2	3	4	5	6
36	我觉得下属有义务为领导排忧解难	1	2	3	4	5	6
37	我觉得人生的价值在于奉献	1	2	3	4	5	6
38	我觉得帮助同事是义不容辞的	1	2	3	4	5	6
39	我会时常想起以前帮助过自己的人	1	2	3	4	5	6
40	我认为自己所取得的成就与别人的帮助是分不开的	1	2	3	4	5	6

分数计算:选1得1分,选2得2分,依此类推,选6得6分。得分越高说明自己越自信。

(四)诗词欣赏

❖《沁园春·雪》(毛泽东)

北国风光,千里冰封,万里雪飘。

望长城内外,惟余莽莽;大河上下,顿失滔滔。

山舞银蛇,原驰蜡象,欲与天公试比高。

须晴日,看红装素裹,分外妖娆。

江山如此多娇,引无数英雄竞折腰。

惜秦皇汉武,略输文采;唐宗宋祖,稍逊风骚。

一代天骄,成吉思汗,只识弯弓射大雕。

俱往矣,数风流人物,还看今朝。

❖《示儿》([宋]陆游)

死去元知万事空,但悲不见九州同。

王师北定中原日,家祭无忘告乃翁。

四、信任(Trust)

(一)信任的基本描述

信任是领导力提升的基石,如果没有信任,领导力也就无从谈起。只有具备了信任,才能拥有真正的追随者。领导者不被信任的主要原因有:缺乏勇气、行踪隐蔽、以自我为中心、声誉问题、言行不一、不愿亲力亲为、漫无目的等等。

品格是信任的根基,其中正直、诚实是领导者应该具备的素质。在史蒂芬·科维(Stephen R. Covey)的《信任的速度》一书中这样写道:高信任度的领导有13种行为表现,分别是:直言不讳、表达尊重、公开透明、匡救弥缝、显示忠诚、取得成绩、追求进步、直面现实、目标明确、负起责任、先听后说、信守承诺、传递信仰。

(1)直言不讳:真实地表达自己,没有欺骗和隐瞒。

(2)表达尊重:人人生而不同,要在平等、尊重、善意、有爱心和原则的基础上去认同每一个个体存在的价值。

(3)公开透明:隐瞒势必会让人们互相猜忌,只有明明白白、清清楚楚地展示,才能增加信任度。

(4)匡救弥缝:如果出现裂痕,不仅要做出语言上的道歉,还要用行动来表达你的歉意,让他人看到你的诚意。

(5)显示忠诚:你可以观察他人的行为,同样你的行为也总是被别人观察,你怎么对待一个人,另外一个人就会知道你怎么对待他,所以时刻保持自己的忠诚,真诚对待每一个人。

(6)取得成绩:说到就做到,用成绩展示自己的实力和能力,往往最有说服力,也最值得信赖。

(7)追求进步:世界发展飞速,知识更新的速度日益加快,只有不断地学习新的能力才能与时俱进,持续保持竞争力,这样才不至于被时代淘汰,才值得别人的信任。

(8)面对现实:现实总是残酷的,有的人喜欢避重就轻。只有鼓起勇气面对现实的人才是富有担当和责任感的人,这样的人往往会获得人们的信任。

(9)明确期望:每个人对于结果的定义不同,对领导者的期望也不尽相同。领导者既要明确自己对追随者的期望,也要明确了解追随者对自己的期望,并用自己的行为结果告诉追随者自己值得依赖。

(10)负起责任:对于自己的责任勇于承担,同时也要让追随者负起责任。让他人去承担责任,会给他人得到重用、值得信任的感觉,有利于他人自信心的建立。

(11)先听后说:认真地听别人说话,试着去感知他的想法和感觉,而不是假装在听而实际在想如何用自己的说辞去说服他人。当他人感觉到你在真心倾听时,他会发自内心地信任你。

(12)信守承诺:说到做到,不管多大的事或是多小的事,摧毁信任的方法只要一次食言就够了。

(13)传递信任:你怎样对待别人,别人就会怎样对待你,因此想要得到别人的信任,先去信任别人。

(二)取得信任的训练养成

路遥知马力,日久见人心。取得别人的信任很重要,但是也很困难。对于学生来讲,要在日常生活和学习的点点滴滴中注意树立值得别人信任的形象,比如,在学习生活中要做到讲话直接、待人真诚、做事透明、及时改正错误、尊重别人、承担责任、虚心接受反馈意见、重视承诺、为别人保密等等。

(三)信任的评估及度量

根据自己的实际感受和体会,在最符合的数字上画圈(见表8-4),同时让自己熟悉的人对自己进行评价。评价标准如下:1——不符合,2——较不符合,3——一般,4——符合,5——非常符合。

表8-4 信任度量表

序 号	行为表现	评 价				
1	说话算话,讲信用	1	2	3	4	5
2	公平待人,不偏私	1	2	3	4	5
3	原则性强,不因私废公	1	2	3	4	5
4	言行一致,表里如一	1	2	3	4	5
5	把人民群众的利益放在首位	1	2	3	4	5
6	工作以有利于他人、方便他人为准则	1	2	3	4	5
7	关心群众疾苦	1	2	3	4	5
8	甘愿在工作中无私奉献	1	2	3	4	5

续表

序号	行为表现	评价				
9	不见利忘义	1	2	3	4	5
10	不以权谋私	1	2	3	4	5
11	要求别人做到的,自己一定做到	1	2	3	4	5
12	在小事上也严格要求自己	1	2	3	4	5
13	热爱本职工作,忠于职守	1	2	3	4	5
14	勇于承担责任,敢于负责	1	2	3	4	5
15	有高度的职业责任感和使命感	1	2	3	4	5
16	勤勤恳恳,任劳任怨	1	2	3	4	5
17	能容纳别人的缺点	1	2	3	4	5
18	不嫉贤妒能	1	2	3	4	5
19	能接受别人的批评和建议	1	2	3	4	5

分数计算:选1得1分,选2得2分,依此类推,选5得5分。自评和他人评价相符程度较高且得分较高,说明你值得信任。

(四)国学中的经典

❖《官箴》

郭允礼,山东曲阜县人,举人出身,正德十六年(1521年)任无极县知县。曾于嘉靖三年(1524年)题书"居官座右铭",镌刻于石,传之后代。后收入《官箴》。

吏不畏吾严,而畏吾廉;民不服吾能,而服吾公;公则民不敢慢,廉则吏不敢欺。公生明,廉生威。

【译文】

官吏不害怕我严厉,而害怕我廉洁。百姓不服我的才能,而服我的公正。办事公正,百姓就不敢怠慢;居官清廉,属下就不敢有所欺瞒。为官公平公正,才能使政治清明;做官清正廉明,才能在百姓中树立威信。

❖ 南怀瑾解析《素书》六章

货赂公行者昧。货赂公行,则屑小谄进,其政必失也。

例:田因齐,战国齐君。周安王廿三年,因齐嗣立为齐威王,用驺忌为相。时朝臣多称阿(地名)大夫之贤,而贬即墨大夫,忌乃述之威王,威王询左右,亦如是对。威王阴使人往察二邑治状,并召二守入朝,大集群臣,欲行赏罚,群臣皆以阿大夫必有重赏,而即墨大夫危矣!威王先召即墨大夫曰:"自子之官即墨,毁言日至。吾使人察之,田野开辟,人民富饶,官无留事。子专意治邑,不肯媚吾左右,故遭毁耳!子诚贤令也。"乃厚赏之。复召阿大夫曰:"自子守阿,誉言日至。吾使人视阿,田荒民冻,但贿吾左右,结交廷臣,以求美誉。守之不肖,无过于汝。"乃烹之于鼎,复召左右亲信十余人,皆毁即墨大夫者,亦次第烹之。于是货赂之路绝,而齐大治。

【译文】

公开用金钱、财物收买官员的行为一定会导致政治昏暗。贿赂公然进行,则小人、坏人就会靠着奉承巴结得到提拔,这样的政权一定会失去。

例如:田因齐,战国时期齐国国君。于周安王二十三年继掌君位,是为齐威王,任用驺忌为相国。在各地众多守官当中,朝臣们都夸赞阿城大夫,却纷纷指责即墨大夫,驺忌将此事告诉威王,威王又向左右随从询问,随从回答与其大致相同。威王私下派人到两地巡查探访,然后降旨令两地大夫入朝拜见。两大夫赶到都城,威王将群臣召集到朝堂,众人纷纷猜测道:"阿城大夫今天必受重赏,即墨大夫却要大祸临头了。"群臣朝拜完毕,威王先将即墨大夫召到跟前说:"自从你到即墨做大夫后,每天都有指责你的话传来,我派人去巡视,却发现你把即墨治理得很好。只因你全心理政安民,不肯向我的随从献媚,才受到诽谤,你是一个真正的贤大夫。"下令重赏即墨大夫。威王又将阿城大夫召上前说:"自从你镇守阿城后,每天都有赞美你的话传来,我派人巡视阿城,却发现那里田野荒芜,百姓饥苦不堪。你用重金厚礼向我的随从行贿,让他们为你说好话来欺骗我,不称职的大夫很多,但没有一个比得上你。"威王随即下令将阿城大夫扔进烧开水的大鼎里,又命人将平常夸赞阿城大夫、诋毁即墨大夫的几十名自己平素最信任的随从逐个投入锅中。从此以后再也没人敢贿赂行事,齐国因此大治。

五、沟通技能(Communication Skill)

(一)沟通技能的基本描述

良好的沟通技能是领导者所必需的。沟通的方法有很多,有语言类的和非语言类的沟通,语言类的沟通通常指说话交流,非语言类的沟通包括身体姿势、面部表情、内心活动、眼神交流、手势等等。

(二)沟通技能的训练养成

良好的沟通技能包括:通过眼神交流让他人感受到你在认真倾听,避免大喊大叫或者言语伤人,交流时不要嚼口香糖,与人交谈时不要玩手机,用大家都能听懂的语言来清楚表达,学会理解和使用面部表情,学会理解和使用肢体语言,不要盛气凌人,抓住重点去反馈或者解释一些事物,等等。

妨碍良好沟通的因素主要有影响交流的噪声,不恰当的沟通媒介,沟通前的主观假设,语言的差异,糟糕的倾听技巧,不够专注等。其中,沟通前的主观假设是妨碍充分沟通的重要因素,特别是领导者与下属交流时,要打破下属对领导者固有的看法,以平等、深入的沟通,全面了解下属。

(三)沟通技能的评估及度量

根据自己的实际感受和体会,在最符合的数字上画圈,对自己的沟通技能进行评价(见表8-5)。评价标准如下:1——非常不同意,2——不同意,3——没感觉,4——同意,5——非常同意。

表8-5 沟通技能度量表

序号	行为表现	评价				
1	能够经常进行有效的非正式沟通	1	2	3	4	5
2	清楚上级及下属对我的要求	1	2	3	4	5
3	能够通过沟通获取工作所需的信息	1	2	3	4	5
4	得到的小道消息基本真实	1	2	3	4	5
5	会议前有充分的准备	1	2	3	4	5
6	个别交流频率很高	1	2	3	4	5
7	能主动与上级和下属讨论工作	1	2	3	4	5
8	能了解下属工作中的问题	1	2	3	4	5
9	能对下属工作进行指导	1	2	3	4	5
10	希望参加沟通技能训练	1	2	3	4	5
11	定期召开组织内部的讨论会	1	2	3	4	5
12	信任上级及下属并经常与之汇报、交流	1	2	3	4	5

分数计算:选1得1分,选2得2分,依此类推,选5得5分。得分越高代表沟通技能水平越高。

(四)国学中的经典

《鬼谷子》是一本有争议的书,学习时要去其糟粕,吸收其希望通过谋略使百姓避免遭受战争、过上和平生活等好的思想,书中涉及了许多沟通技巧和策略。

❖《鬼谷子·捭阖》

捭阖之道,以阴阳试之,故与阳言者依崇高,与阴言者依卑小。以下求小,以高求大。由此言之,无所不出,无所不入,无所不可。可以说人,可以说家,可以说国,可以说天下。为小无内,为大无外。

【译文】

游说中运用捭阖之术时,先用阴言和阳言去试探对方(以确定对方是喜欢阴言还是喜欢阳言)。由此,与喜欢阳言的人谈论时,以使用涉及上述阳类事物的崇高语言为主;与喜欢阴言的人谈论时,以使用涉及上述阴类事物的卑下语言为主。这样,我们就可以用卑下的阴言去打动小人,用崇高的阳言去说服君子。照此而论,用捭阖之术去游说,就没有探测不出的真情,就没有不听从我们决策的人,就没有不能说服的对象。用捭阖之术去游说,可以说动每个普通民众,可以说动每个有封地的大夫,可以说动每个诸侯国的国王,甚至可以说动天下的君主。若要成就小事,可以小到极限,没有更小的了;若要成就大事,可以大到极限,没有更大的了。

六、冲突管理技能(Conflict Management Skill)

(一)冲突管理技能的基本描述

广义来讲,冲突在组织中无时不在,只不过有的冲突是隐性的,大部分领导者察觉不到。冲突是人与人之间,或者组织与组织之间的思想、视角、侧重点、兴趣偏好、信念、价值观、目标等方面的不同造成的。对领导者来讲,冲突管理的目的不仅仅是解决冲突,更重要的是减少冲突的负面效应,同时增强冲突的正面效应(见图 8-7)。通过冲突管理了解组织和追随者存在的问题,从而加强团队协作,提升组织的绩效。在一项针对世界领导特质的调查中,成功的领导素质多达 25 项,这些素质因人而异,不同的领导者具有不同的素质,但是冲突管理能力属于每个领导者的必备素质。也就是说,如果一个领导者,不懂得冲突管理,将无法胜任领导工作。

图 8-7 冲突管理

(二)冲突管理技能的训练养成

在冲突形成危机之前,领导者要正面面对冲突,积极解决冲突。冲突管理有四种主要方式:一是强制解决,通过强硬的行为解决冲突;二是妥协处理,通过让步来解决冲突;三是合作解决,通过协作共同解决冲突;四是延迟解决,对于一些对工作有利的"冲突",领导者可以不着急处理,让这种"冲突"充分暴露,然后分析原因,再加以解决。提升冲突管理技能要在以下几个方面有正确的认识。

1. 要正确认识冲突

要将冲突看成是一种学习经历,当作解放思想和统一认识的过程。在冲突管理过程中要实行完全公开,在争论或讨论中,团队成员应该讲出所有的观点,并且使人们明白他们为何选择这种立场。领导者一定要认识到,冲突并不可怕,可怕的是领导者面对冲突"掩耳盗铃",不敢正面迎接。领导者面对冲突要积极,最终不但解决了冲突,还将冲突变成解决组织问题、提升组织绩效的重要机遇。

2. 要对冲突有准确的判断

作为领导者,要充分了解自己组织面临的形势,清楚改革措施对组织和个人带来的影响和潜在的冲突。通过日常的思想工作,有的冲突在发生之前就被解决了,对冲突发生的原因和走势也会有准确的判断,做到"为之于未有,治之于未乱"。

3. **要做到换位思考**

面对追随者与自己的冲突,领导者要知道自己的习惯性思维模式,同时也要了解追随者的习惯性思维模式,通过换位思考清晰了解追随者的需求和冲突产生的原因,灵活使用不同的冲突管理风格,最终通过冲突管理"不打不相交",达到增加积极影响、减少消极影响的目的。

(三)冲突管理技能的评估及度量

根据自己的实际感受和体会,在最符合的数字上画圈(见表8-6)。评价标准如下:1——非常不符合,2——不符合,3——不确定,4——符合,5——非常符合。

表8-6 冲突管理技能度量表

序号	行为表现	评价				
1	当一项改革措施准备实行时,我清楚知道追随者及相关者的反应	1	2	3	4	5
2	我在做出决定时,都会进行风险分析	1	2	3	4	5
3	当两个员工有冲突时,我清楚知道每个人的立场及诉求	1	2	3	4	5
4	在听顾客投诉时,我听得多,说得少	1	2	3	4	5
5	我能清楚看到一些冲突发生前的苗头性问题	1	2	3	4	5

分数计算:选1得1分,选2得2分,依此类推,选5得5分。得分越高代表冲突管理技能越强。

(四)国学中的经典

冲突管理的核心是人,领导者对追随者要有全面和充分的了解,做到公正、客观地认识下属,在组织内营造风清气正的环境,这是冲突管理的关键。三国时期桓范撰写的《政要论》中的"九虑"告诉我们要全面、客观地评价大臣的行为及表现,预防不好的现象发生。

臣有立小忠以售大不忠,效小信以成大不信,可不虑之以诈乎?臣有貌厉而内荏,色取仁而行违,可不虑之以虚乎?臣有害同侪以专朝,塞下情以壅上,可不虑之以嫉乎?臣有进邪说以乱是,因似然以伤贤,可不虑之以谗乎?臣有因赏以偿恩,因罚以作威,可不虑之以奸乎?臣有外显相荐,内阴相除,谋事托公而实挟私,可不虑之以欺乎?臣有事左右以求进,托重臣以自结,可不虑之以伪乎?臣有和同以谐取,苟合以求进,可不虑之以祸乎？臣有悦主意以求亲,悦主言以取容,可不虑之以佞乎？此九虑者,所以防恶也。

【译文】
　　有的臣子在小事上忠诚,为的是实现在大事上的不忠诚；有的在小事上诚信,为的是成就在大事上的不诚信。怎能不考虑这是欺诈呢？

　　有的臣子外表刚强,但内心其实很软弱；有的外表看起来很仁爱,但实际行为和其外表相违背。怎能不考虑这是虚伪呢？

　　有的臣子伤害同僚来独揽大权,闭塞下情来蒙蔽君上,怎能不考虑这是嫉妒呢？

　　有的臣子进献邪说来混淆是非,用似是而非的道理来伤害贤德之人,怎能不考虑这是奸猾呢？

　　有的臣子靠行赏来推展自己的私恩,靠实施刑罚来树立自己的威信,怎能不考虑这是奸诈呢？

　　有的臣子外表上互相推荐,其实私下钩心斗角,假借为公办事之名,实际上挟持私心,怎能不考虑这是欺骗呢？

　　有的臣子通过讨好君主左右的人来求取晋身之阶,私下结交权贵,怎能不考虑这是欺伪呢？

　　有的臣子为了一味地与人和谐相处,苟且认同别人来求取被推荐,这样的人怎能不考虑是祸害呢？

　　有的臣子投合君主的意思来求得亲附,投合君主的言语来让自己苟且容身,怎能不考虑这是奸佞呢？

　　这九个方面的考虑,是防止恶人、防止恶行的。

七、授权技能(Delegation Skill)

(一)授权技能的基本描述

　　授权指领导者将权力和与权力相对应的职责授给追随者负担,并责令其按照规则管理事务性工作。授权是一门管理的艺术,充分合理的授权能使领导者不必亲力亲为,从而把更多的时间和精力投入到组织发展上。要想成为一个高效的领导者,必须学会授权。恰当合理的授权有以下好处：提高组织效率,增强下属的责任感,让下属的工作更有意义、更具挑战性,促进时间管理,等等。领导者不敢或者不会授权的主要原因:领导者的性格,害怕下属犯错,授权对象选择不恰当,授权机制不完善,等等。

(二)授权技能的训练养成

领导者要非常清楚如何授权和如何管理授权这两个问题,在具体授权过程中要注意以下事项。

1. **选择合适的授权对象**

被授权对象应该是在品行方面信得过,有积极热情的态度,敢于付出,敢于承担责任,同时有真才实学的下属。领导者在给下属授权之前一定要对下属有充分了解,同时对下属的能力与授权的职责要求的匹配度要有深入思考,不然就有可能导致授权失败或达不到应有的效果,上演"马谡失守街亭"的悲剧。

2. **明确授权的内容和目标**

授权时做到责权明晰,明确授权内容和使用授权的限制。该做什么,不该做什么,工作目标或者标准是什么,在什么时限内完成,要明明白白、清清楚楚,切不可雾里看花。

3. **不要重复授权**

"一个和尚挑水吃,两个和尚抬水吃,三个和尚没水吃"。重复授权的恶果就是没人承担责任,也无法追究责任。

4. **对完成目标进行管理和考核**

在授予权力的同时,也赋予了相应的责任,要根据预定的标准和方法对授权下属的业绩进行考核。如果只让下属了解工作性质和范围,而没有进行目标管理,其结果是给予了权力,但是没有落实责任,这样就会影响授权范围内的工作绩效。

5. **勇于承担责任**

领导者一定要认识到,授权过程中追随者犯的错误自己也有责任,不要对追随者的错误一味批评,把追随者犯错当作一种经验及时加以总结,做到更好授权。

(三)授权技能的评估及度量

根据自己的实际感受和体会,在最符合的数字上画圈(见表8-7)。评价标准如下:1——非常不同意,2——不同意,3——不好确定,4——同意,5——非常同意。

表 8-7 授权技能度量表

序号	行为表现	评价				
1	允许下属在工作中出现失误,出现失误后自己能够承担相应责任	1	2	3	4	5
2	下属的重要工作进展情况自己比较清楚	1	2	3	4	5
3	除非有重大问题,一般不干涉下属职权范围内的工作	1	2	3	4	5
4	让下属充分负责自己承担的工作	1	2	3	4	5
5	能为下属制订工作目标,并要求下属确保完成	1	2	3	4	5
6	能及时考核下属的工作是否完成	1	2	3	4	5
7	当下属在工作中遇到问题时,能积极倾听他的意见和建议	1	2	3	4	5
8	对下属工作给予足够支持	1	2	3	4	5
9	当一项工作需要授权时,自己能及时想到符合条件的人选	1	2	3	4	5

分数计算:选 1 得 1 分,选 2 得 2 分,依此类推,选 5 得 5 分。得分高代表授权技能水平较高。

(四)国学中的经典

唐代魏征所作《谏太宗十思疏》形象地描述了合理授权后的情形。

君人者,诚能见可欲则思知足以自戒,将有作则思知止以安人,念高危则思谦冲而自牧,惧满溢则思江海下百川,乐盘游则思三驱以为度,忧懈怠则思慎始而敬终,虑壅蔽则思虚心以纳下,想谗邪则思正身以黜恶,恩所加则思无因喜以谬赏,罚所及则思无因怒而滥刑。总此十思,弘兹九德,简能而任之,择善而从之,则智者尽其谋,勇者竭其力,仁者播其惠,信者效其忠。文武争驰,在君无事,可以尽豫游之乐,可以养松、乔之寿,鸣琴垂拱,不言而化。何必劳神苦思,代下司职,役聪明之耳目,亏无为之大道哉!

【译文】

作为君主,如果真的能够做到一见到能引起(自己)喜好的东西,就想到该知足来警醒自己;将要做什么,就要想到适可而止来使百姓安定;想到帝位高高在上,就想到要谦虚并加强自我约束;害怕骄傲自满,就想到要像江海那样能够(处于)众多河流的下游;喜爱狩猎,就想到网三面留一面;担心意志松懈,就想到(做事)要慎始慎终;担心(言路)不通受蒙蔽,就想到虚心采纳大臣和百姓的意见;考虑到(朝中可能会出现)谗佞奸邪,就想到使自身端正(才能)罢黜奸邪;施加恩泽,就要考虑到不要因为一时高兴而奖赏不当;动用刑罚,就要想到不要因为一时发怒而滥用刑罚。总括这十思,扩大这九德的修养,选拔有才能的人而任用他们,挑选好的意见而听从它。那些有智慧的人就会施展他们的全部才谋,勇敢的人就会竭尽他们的威力,仁爱的人就会广施他们的恩惠,诚信的人就会报效他们的忠心,文臣武将都能(被)重用,君王大臣之间没有什么事情(烦心),可以尽享游玩的快乐,可以颐养像松、乔两位神仙的长寿。皇上奏琴、垂衣拱手(不亲自处理政务),不必多说,老百姓就可以被教化,何必劳神苦思,事事过问而代替百官的职务呢?劳损聪明的耳目,违背无为而治的大道呢?

八、外交技能(Diplomacy Skill)

(一)外交技能的基本描述

从宏观意义来讲,外交是国际关系中一个基本术语,也是各国之间谈判的艺术。在国际关系中,外交是缔造和平,开展经济、文化、贸易的基础。外交失败会导致国家之间的冲突,甚至是战争。

从微观层面来讲,外交普遍存在于组织与组织的关系、人与人的关系中,作为领导者来讲,掌握外交技能对于营造组织良好发展氛围、争取组织新的发展机会非常重要。

(二)外交技能的训练养成

外交是让他人了解并按照自己的方式执行的一种艺术。掌握外交技能,一要充分了解外交对象的基本情况,特别是要掌握外交对象的所思所想,做到知己知彼;二要制订详细的外交策略,包括自己希望达成的目标、对方对目标的期望等;三是在外交过程中知道什么不该说、什么该说,说话之前要思考再三,除非考虑清楚,一般不要现场妥协让步;四是态度要正确,外交中的敏感事项可以不发表意见,但是切忌撒谎,自己要真诚,同时要用积极、肯定、支持、建设性的眼光对待外交对象的努力;五是及时评估,要从宏观和长远发展上对外交拟达成的外交事项进行评估。

(三)外交技能的评估及度量

根据自己的实际感受和体会,在最符合的数字上画圈(见表8-8)。评价标准如下:1——从不,2——很少,3——偶尔,4——有时,5——经常。

表8-8 外交技能度量表

序号	行为表现	评价				
1	当去见对自己事业和生活非常重要的人的时候,自己会认真思考谈话内容	1	2	3	4	5
2	与人交谈之前,自己会尽可能了解这个人的基本情况	1	2	3	4	5
3	和人交流过程中,自己能够充分了解别人的观点,同时也能清晰表达自己的看法	1	2	3	4	5
4	因观点不同别人对自己出言不逊时,自己能够保持克制和心态平和	1	2	3	4	5
5	对一些重要和关键事项,如果没有想明白,自己不会公开表态	1	2	3	4	5

分数计算:选1得1分,选2得2分,依此类推,选5得5分。得分越高说明外交水平越高。

(四)国学中的经典

《史记·苏秦张仪列传》中记录了苏秦通过外交合纵抵抗秦国,秦兵不敢闯函谷关15年,避免了战争,在那个战火连天的年代为百姓创造了一段时期的和平。下面一段文字记录了苏秦游说楚王时的情景。

"夫秦,虎狼之国也,有吞天下之心。秦,天下之仇雠也。衡人皆欲割诸侯之地以事秦,此所谓养仇而奉雠者也。夫为人臣,割其主之地以外交彊虎狼之秦,以侵天下,卒有秦患,不顾其祸。夫外挟彊秦之威以内劫其主,以求割地,大逆不忠,无过此者。故从亲则诸侯割地以事楚,衡合则楚割地以事秦,此两策者相去远矣,二者大王何居焉?故敝邑赵王使臣效愚计,奉明约,在大王诏之。"

楚王曰:"寡人之国西与秦接境,秦有举巴蜀并汉中之心。秦,虎狼之国,不可亲也。而韩、魏迫於秦患,不可与深谋,与深谋恐反人以入於秦,故谋未发而国已危矣。寡人自料以楚当秦,不见胜也;内与群臣谋,不足恃也。寡人卧不安席,食不甘味,心摇摇然如县旌而无所终薄。今主君欲一天下,收诸侯,存危国,寡人谨奉社稷以从。"

于是六国从合而并力焉。苏秦为从约长,并相六国。

苏秦既约六国从亲,归赵,赵肃侯封为武安君,乃投从约书於秦。秦兵不敢闚函谷关十五年。

太史公曰:"苏秦兄弟三人,皆游说诸侯以显名,其术长於权变。而苏秦被反间以死,天下共笑之,讳学其术。然世言苏秦多异,异时事有类之者皆附之苏秦。夫苏秦起闾阎,连六国从亲,此其智有过人者。吾故列其行事,次其时序,毋令独蒙恶声焉。"

【译文】

"秦,是虎狼一样凶恶的国家,还有吞并天下的野心。秦国也是天下各诸侯的共同仇敌。凡主张连横的人都想分割各诸侯的土地献给秦国,这就叫作供养仇人和敬奉仇敌啊。作为人家的臣子,却要分割自己国君的土地,用来和如狼似虎的强秦相交往,侵扰天下,而自己的国家突然遭受秦国的侵害,他们却不顾及这些灾祸。对外依仗着强秦的威势,用来在内部劫持自己的君主,索取割地,是最大的叛逆,最大的不忠,没有比这更严重的罪过了。所以,合纵相亲,各诸侯就会割让土地侍奉楚国,连横成功,楚国就要割让土地侍奉秦国,这两种策略相差太远了,这二者,大王要处于哪一方的立场呢?所以敝国赵王派我来献上这不成熟的策略,奉上详明的公约,全靠大王决策了。"

楚王说:"我国西边和秦国接壤,秦国有夺取巴、蜀并吞汉中的野心。秦,是虎狼一样凶恶的国家,是不可以亲近的。韩、魏经常遭受秦国侵害的威胁,不可以和他们做深入的策划。假如和他们深入地策划,恐怕有叛逆的人泄露给秦国,以致计划还没施行,国家就面临危险了。我自己估计,拿楚国对抗秦国,不一定取得胜利;在朝廷内和群臣谋划,他们又不可信赖。我躺在床上睡不安稳,吃东西也感觉不到香甜,心神恍恍惚惚,好像挂在空中的旗子,始终没有个着落。现在您打算使天下统一,团结诸侯,使处于危境的国家保存下来,我愿意恭恭敬敬地把整个国家托付给您,听从您的安排。"

于是,六国合纵成功,同心协力。苏秦做了合纵联盟的盟长,同时兼任六国国相。

苏秦约定六国联盟之后,回到赵国,赵肃侯封他为武安君,于是,苏秦把合纵盟约送交秦国。从此秦国不敢窥伺函谷关以外的国家,长达十五年之久。

太史公说:"苏秦兄弟三人,都是因为游说诸侯而名扬天下,他们的学说擅长于权谋机变。而苏秦最后以反间的罪名被杀死,天下人都嘲笑他,讳忌研习他的谋术。然而社会上流传的苏秦事迹有许多差异,凡是不同时期和苏秦相似的事迹,都附会到苏秦身上。苏秦出身于民间,却能联合六国,这正说明他的才智有超过一般人的地方,所以,我列出他的经历,按着正确的时间顺序加以陈述,不要让他只蒙受不好的名声。"

九、赋权技能(Empowerment Skill)

(一)赋权技能的基本描述

赋权是为了提高他人和组织的自治以及自我决策程度,使他们能够以负责任和自主的方式代表和行使自己的利益,根据自己的意愿行使权力。在管理和组织理论领域,赋权通常是指赋予下属更大的自由裁量权和资源的分配控制权,以便更好地为客户和自己组织的利益服务。赋权是下放权力,使得下属在各自的职责和权限范围内设定自己的工作目标、做出决策、解决问题等。

赋权和授权有所不同,授权是指领导者把工作任务指派给追随者,同时要求做什么、怎样做以及什么时间做完。赋权意味着权力下放,把手中的权力交给他人,怎么做、如何做由赋权对象自己决定。领导者通过赋予追随者足够的权力,使他们拥有决策权,从而使员工更加积极、负责任地实现组织的目标。

相比较而言,赋权会比授权更加关注追随者领导力的提升,也会比授权培养出更多的领导者。表8-9列出了授权和赋权的区别。

表8-9 授权和赋权的区别

授权的特点	赋权的特点
以任务为中心,关注谁可以把任务完成好	以人为中心,关注什么事情可以交给这个人后能做得最好
把工作交给下属去完成	让下属自己做决定
承担完成任务的责任	承担行使权力带来的责任
目的在于完成本职工作	目的在于创造性开展工作
明确被授权的下属要做什么,怎么做	相信下属能够创造性地开展工作,让下属自主安排任务

续表

授权的特点	赋权的特点
对授权的任务进行监督和考核	在赋权的范围内一般少于干涉,既不表示支持,也不表示反对
培养追随者	培养领导者

(二)赋权技能的训练养成

赋权的原则:尊重被赋权的下属,赋权后不随便干涉;允许失败,必要时予以提醒,勇于承担责任;提供知识、信息和培训;设定科学合理的标准,使得下属坚持标准;明确赋权对象的职责,同时赋予责任;适时向他们提供赋权后表现的反馈。

赋权过程中应当注意如下的问题:

1.选择合适的赋权对象

选人是赋权管理的重要环节,被赋权的人选应该在品行方面值得信赖,有积极热情的态度,敢于付出,勇于承担责任,具备相应的知识与技术水平,同时有自主学习提升自己的能力,这就要求领导者具有识别人才的洞察力。

2.有明确的赋权内容

赋权的内容应仔细斟酌,应考虑被赋权者的实际能力,不能赋予下属超越其能力的权力,否则会导致任务不能顺利完成。同时也不能赋予下属不该赋予的权力,否则会导致局部失控,恰当的赋权才能保证工作的顺利进行。

3.不对具体工作提出意见

除非有特别的原因,领导者在进行赋权的时候应当告诉下属要求做什么和达到怎样的结果,而下属采用何种方法则由他们自己决定。领导者关注的重点是赋权目标的达成度,在此原则下给下属完全的自由,这才是真正的赋权。只有使下属对如何达到目标做出自己的选择和判断,才能增进领导者与下属之间的相互依赖关系,激励下属的工作热情。

4.对有挑战性的工作要多赋权

如果将赋权范围限定于常规性工作,那么意义不大。赋权就是要给下属更多的自主权和方法、路径选择的灵活性,让下属发挥自己的潜能。多给下属局限性小、难度大,可发挥性强的工作,使其有紧迫感和成就感,能够起到更好的激励作用。

5. 对设定目标进行评估和考核

赋予权力的同时要对工作标准和工作绩效提出明确要求,要让被赋权的下属清楚这些标准并力争创造更好的工作业绩,要根据预定的标准和目标对其业绩进行考核。

6. 发现方向性或者原则性问题时及时提醒更正

在进行赋权的同时应当明确控制机制,可以在确定的时间点要求下属汇报工作的进展情况和遇到的困难,也可以通过定期抽查确保下属没有滥用权力,发现问题后及时提醒更正。但是要注意度的掌握,如果控制过度,就等于剥夺了下属的权力,赋权所带来的许多激励效果就会丧失。赋权后,下属在工作中可能会出现错误,领导者要宽容下属的一般性错误,要知道这实际上是他们得到锻炼的最好机会。

(三)赋权技能的评估及度量

如果你是一位领导者,请根据自己的实际感受和体会,在最符合的数字上画圈(见表8-10)。评价标准如下:1——非常不同意,2——不同意,3——不好确定,4——同意,5——非常同意。

表8-10 赋权技能度量表

序号	行为表现	评价				
1	关心下属的个人成长和职业生涯培训	1	2	3	4	5
2	给下属提供培训和学习的机会	1	2	3	4	5
3	允许下属在工作中出现失误,认为下属能从失误中学到东西	1	2	3	4	5
4	因下属工作任务完成出色,对下属进行奖励	1	2	3	4	5
5	经常为下属创造表现和锻炼的机会	1	2	3	4	5
6	严肃指出下属工作中的失误,下属未能及时完成工作目标会及时给予批评	1	2	3	4	5
7	能给予下属相应的权限,让下属在工作中自主决策	1	2	3	4	5

续表

序号	行为表现	评价				
8	在涉及下属和下属工作时,在做决策前会征求他的意见	1	2	3	4	5
9	能够经常鼓励下属,增强下属的信心	1	2	3	4	5
10	当下属工作遇到困难时,能及时给予帮助	1	2	3	4	5
11	对下属工作给予足够支持	1	2	3	4	5

分数计算:选1得1分,选2得2分,依此类推,选5得5分。得分越高说明领导者赋权水平越高。

(四)国学中的经典

西汉史学家司马迁创作的《史记》中有一篇《张释之冯唐列传》,该篇文章记录了汉文帝时期杰出人士冯唐"不偏不党""不党不偏",敢于坚持正确意见,批评最高统治者的故事。其中有一段"冯唐论将"说明了皇帝手下不是没有将士,而是要给将士赋权,用好将士。

当是之时,匈奴新大入朝,杀北地都尉卬。上以胡寇为意,乃卒复问唐曰:"公何以知吾不能用廉颇、李牧也?"唐对曰:"臣闻上古王者之遣将也,跪而推毂,曰阃以内者,寡人制之;阃以外者,将军制之。军功爵赏皆决於外,归而奏之。此非虚言也。臣大父言,李牧为赵将居边,军市之租皆自用飨士,赏赐决於外,不从中扰也。委任而责成功,故李牧乃得尽其智能,遣选车千三百乘,彀骑万三千,百金之士十万,是以北逐单于,破东胡,灭澹林,西抑彊秦,南支韩、魏。当是之时,赵几霸。"

【译文】

在这时,匈奴人新近大举侵犯,杀死北地都尉孙卬。汉文帝正为此忧虑,就终于又一次询问冯唐:"您怎么知道我不能任用廉颇、李牧呢?"冯唐回答说:"我听说古时候君王派遣将军时,跪下来推着车毂说,国门以内的事我决断,国门以外的事,由将军裁定。所有军队中因功封爵奖赏的事,都由将军在外决定,归来再奏报朝廷。这不是虚夸之言呀。我的祖父说,李牧在赵国边境统率军队时,把征收的税金自行用来犒赏部下。赏赐由将军在外决定,朝廷不从中干预。君王交给他重任,而要求他成功,所以李牧才能够充分发挥才智。派遣精选的兵车一千三百辆,善于骑射的士兵一万三千人,能够建树功勋的士兵十万人,因此能够在北面驱逐单于,大破东胡,消灭澹林,在西面抑制强秦,在南面支援韩魏。在这时,赵国几乎成为霸主。"

十、执行技能(Executive Skill)

(一)执行技能的基本描述

美国《财富》杂志相关研究指出,75%的首席执行官(CEO)的失败原因在战略执行,有效战略得到有效执行的不到10%,72%的CEO认为执行战略比制定一个好的战略更难。愿景和执行同等重要。只有愿景没有执行,目标将变成白日梦;只有执行而没有愿景,则结果有可能是一个噩梦。在实现组织的目标过程中,领导者要负责从目标到策略的实施,而策略是否得到贯彻则要依靠执行力。

(二)执行技能的训练养成

良好的执行技能是领导者能力的基础,执行技能的训练养成与领导者的个人特质、创造性和系统思维紧密相关。训练养成执行技能时,重点关注以下事项。

1. 使工作目标具体化

根据战略目标将工作任务具体化,让每个追随者都能清楚知道自己的工作目标、评价和标准。在工作目标具体化的过程中,领导者要有系统思维,努力成为一个"系统思考者",对执行的策略和步骤做系统设计。这一点非常重要,因为从一定程度上讲,后续执行中遇到的问题都是前期系统思维不周引起的。

2. 对目标的完成过程进行"模拟"

领导者要对事物发展的过程进行一个全景"模拟","模拟"时要考虑未来发展中有可能的变化。通过"模拟",领导者可以对整个进程进行全面掌控,对进程中的"瓶颈"进行分析,这样有利于提前做好解决问题的准备。

3. 优化和创新工作方法

毛泽东同志说过:"我们不但要提出任务,而且要解决完成任务的方法问题。我们的任务是过河,但是没有桥或没有船就不能过。不解决桥或船的问题,过河就是一句空话。不解决方法问题,任务也只是瞎说一顿。"在工作方法上要克服"非A即B"的思维,要知道工作方法在一定程度上没有对错,只是优化的过程,领导者就是要集中民智最终找到"最优解"。同时要时刻记着"条条大路通罗马",根据形势变化提出创新性工作方法是领导者的重要工作。

4. 树立全局观念

在推进一项系统工程时,领导者要"眼观六路、耳听八方",树立全局观念,协同推进各项工作,确保各个子系统都能有效运转。要设定工作完成时间表,确保任务相互衔接,不"掉链子"。要及时给予反馈意见,制订严格的奖惩措施,完善规章制度,确保各个系统高效运转。

5. 现场办公及时解决问题

方案再好,面对形势的变化也会产生新的问题和困难。面对新问题,领导者不能回避,要及时提出解决问题的措施,确保工作顺利完成。

(三)执行技能的评估及度量

根据自己的实际感受和体会,在最符合的数字上画圈(见表8-11)。评价标准如下:1——非常不符合,2——不符合,3——不确定,4——符合,5——非常符合。

表8-11 执行技能度量表

序号	行为表现	评价				
1	当承担一项新任务时,我能感觉到这项任务大概的完成过程	1	2	3	4	5
2	我享受执行项目的每个细节	1	2	3	4	5
3	我会一直坚持直到项目彻底完成	1	2	3	4	5
4	我会坚持自己的想法以便完成工作	1	2	3	4	5
5	执行项目时,我会制作待办事项清单	1	2	3	4	5
6	我享受项目执行、安排、协调的过程	1	2	3	4	5

分数计算:选1得1分,选2得2分,依此类推,选5得5分。得分越高代表执行水平越高。

(四)国学中的经典

《史记·孙子吴起列传第五》中记录了孙子见吴王,向吴王阖庐演示了《孙子兵法》战略的执行过程。

孙子武者,齐人也。以兵法见于吴王阖庐。阖庐曰:"子之十三篇,吾尽观之矣,可以小试勒兵乎?"对曰:"可。"阖庐曰:"可试以妇人乎?"曰:"可。"于是许之,出宫中美人,得百八十人。孙子分为二队,以王之宠姬二人各为队长,皆令持戟。令之曰:"汝知而心与左右手背乎?"妇人曰:"知之。"孙子曰:"前,则视心;左,视左手;右,视右手;后,即视背。"妇人曰:"诺。"约束既布,乃设斧钺,即三令五申之。于是鼓之右,妇人大笑。孙子曰:"约束不明,申令不熟,将之罪也。"复三令五申而鼓之左,妇人复大笑。孙子曰:"约束不明,申令不熟,将之罪也;既已明而不如法者,吏士之罪也。"乃欲斩左右队长。吴王从台上观,见且斩爱姬,大骇,趣使使下令曰:"寡人已知将军能用兵矣。寡人非此二姬,食不甘味,愿勿斩也。"孙子曰:"臣既已受命为将,将在军,君命有所不受。"遂斩队长二人以徇,用其次为队长。于是复鼓之。妇人左右前后跪起皆中规矩绳墨,无敢出声。于是孙子使使报王曰:"兵既整齐,王可试下观之,唯王所欲用之,虽赴水火犹可也。"吴王曰:"将军罢休就舍,寡人不愿下观。"孙子曰:"王徒好其言,不能用其实。"

于是阖庐知孙子能用兵,卒以为将。西破强楚,入郢,北威齐、晋,显名诸侯,孙子与有力焉。

【译文】

孙子名武,齐国人。因为他精通兵法受到吴王阖庐的接见。阖庐说:"您的十三篇兵书我都看过了,可用来小规模地试着指挥军队吗?"孙子回答:"可以。"阖庐说:"可以用女人试验吗?"回答说:"可以。"于是阖庐答应他试验,叫出宫中美人,共约百八十人。孙子把她们分为两队,让吴王阖庐最宠爱的两位侍妾分别担任各队队长,让所有的美人都拿一支戟。然后命令她们说:"你们知道自己的心、左右手和背吗?"妇人们回答说:"知道。"孙子说:"我说向前,你们就看心口所对的方向;我说向左,你们就看左手所对的方向;我说向右,你们就看右手所对的方向;我说向后,你们就看背所对的方向。"妇人们答道:"是。"号令宣布完毕,于是摆好斧钺等兵器,旋即又把已经宣布的号令多次重复地交代清楚。于是击鼓发令,叫她们向右,妇人们都哈哈大笑。孙子说:"纪律还不清楚,号令不熟悉,这是将领的过错。"又多次重复地交代清楚,然后击鼓发令让她们向左,妇人们又都哈哈大笑。孙子说:"纪律弄不清楚,号令不熟悉,这是将领的过错;现在既然讲得清清楚楚,却不遵照号令行事,那就是军官和士兵的过错了。"于是就要杀左、右两队的队长。吴王正在台上观看,见孙子要杀自己的爱妾,大吃一惊。急忙派使臣传达命令说:"我已经知道将军善用兵了,我要没了这两个侍妾,吃起东西来也不香甜,希望你不要杀她们。"孙子回答说:"我已经接受命令为将,将在军队里,国君的命令有的可以不接受。"于是杀了两个队长示众。然后按顺序任用两队第二人为队长,于是再击鼓发令,妇人们不论是向左向右、向前向后、跪倒、站起都符合号令的要求,再没有人敢出声。于是孙子派使臣向吴王报告说:"队伍已经操练整齐,大王可以下台来视察她们的演习,任凭大王怎样使用她们,即使叫她们赴汤蹈火也办得到啊。"吴王回答说:"让将军停止演练,回客舍休息。我不愿下去察看了。"孙子感叹地说:"大王只是欣赏我的军事理论,却不能让我付诸实践。"

从此,吴王阖庐知道孙子果真善于用兵,最后任命他做了将军。后来吴国向西打败了强大的楚国,攻克郢都,向北威震齐国和晋国,在诸侯各国名声赫赫。在这期间,孙子不仅参与,而且出了很大的力啊。

十一、反馈技能(Feedback Skill)

(一)反馈技能的基本描述

反馈是控制论的基本概念,指将系统的输出返回到输入端并以某种方式改变输入,进而影响系统功能的过程,其原理如图 8-8 所示。根据反馈对输出产生影响的性质,可分为正面反馈和负面反馈。前者增强系统的输出,后者减弱系统的输出。应用在领导力方面,领导者可以利用正面反馈促进行动、提升能力,更好地实现目标,也可以利用负面反馈解决问题,不断改进技术。

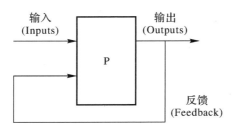

图 8-8　反馈的原理

有效反馈具有以下主要特征:理解和支持下属、有计划和有规律反馈、鼓励下属自我评估、关注下属行为的改善、给予建设性的而不是批判性的建议等等。反馈时要掌握好时间,针对下属不好的行为或者原则性的问题,领导者要及时反馈意见;针对不是原则性的问题但是下属经历过后会积累工作经验的事情,领导者可以事后进行反馈;针对一些难度比较大的工作,领导者可以在事前和事后都进行反馈,这样有利于下属更加深入地理解问题;对于一些综合素质较好的下属,可以选择总结式反馈,等下属全部完成一项工作后指出他哪些方面做得好,哪些方面需要改善。

(二)反馈技能的训练养成

正面反馈更多的是表扬、鼓励、赞同;负面反馈更多的是批评、否定。我们往往更加希望得到正面反馈,但是负面反馈也很重要。作为领导者,要学会利用正面反馈和负面反馈,相对来讲,领导者对下属的负面反馈更加具有挑战性。训练养成反馈技能时,要注意以下事项。

1. 反馈时要做到具体、客观

首先要做到具体,针对下属的一件事情或者一个行为进行分析,通过"解剖麻雀"让下属认识到存在的问题。反馈时领导者切忌将一件事情扩大化和泛化,这样会引起下属的反感。其次要做到客观,反馈时对照的标准一定是针对所有下属的工作标准和行为标准,切忌标准不一或者提高标准,这样会让下属感觉在给他"穿小鞋"。

2. 反馈时尽量使用商讨的语气

因为领导者对下属情况的掌握不一定全面、客观,反馈时可以使用探讨、商讨的语言,对下属好的行为进行表扬,对领导者认为不好的行为要让下属有解释的机会,切不可不分青红皂白"一棍子打死"。在下属认识到问题后,可以尝试鼓励下属进行改变,帮助下属提出改进的策略,让下属觉得这种改进对自己的素质和能力提升是重要的,愿意及时改变自己的行为。

3. 反馈时要帮助下属分析原因

好的反馈不只是告诉下属该做什么或者不该做什么,而是要告诉下属为什么要这样做。分析原因的过程也是大家统一思想的过程,解决了思想认识问题,反馈可以达到举一反三的目的。

4. 及时跟踪下属反馈后行为的改变

领导者要及时观察和评估反馈的效果,如果下属的行为改善达到了预想目标,要及时给予表扬;如果下属的行为改善不够明显,要分析原因,制定更加有力的反馈策略和措施。

(三)反馈技能的评估及度量

根据自己的实际感受和体会,在最符合的数字上画圈(见表8-12)。评价标准如下:1——非常不同意,2——不同意,3——不好确定,4——同意,5——非常同意。

表8-12 反馈技能度量表

序号	行为表现	评价				
1	在我完成一项工作后,我会主动征求指导老师和参与同学的意见	1	2	3	4	5
2	老师和同学给我反馈的意见与自我评价差距不大	1	2	3	4	5
3	当同学征求我的意见时,我会非常真诚,既指出好的方面,也真实说出自己认为不好的方面	1	2	3	4	5
4	针对老师和同学的赞扬,我会客观看待并认真思考如何做得更好	1	2	3	4	5
5	针对同学不太严重的、不好的行为习惯,我一般不会直接指出,而是尝试与他进行探讨	1	2	3	4	5

分数计算:选1得1分,选2得2分,依此类推,选5得5分。得分越高说明反馈技能水平越高。

(四)国学中的经典

唐朝宰相、杰出的政治家、思想家、文学家和史学家魏徵以直言敢谏而闻名,据《贞观政要》记载统计,魏征向李世民面陈谏议有五十次,呈送给李世民的奏疏十一件,一生的谏言多达"数十余万言"。其次数之多,言辞之激切,态度之坚定,都是其他大臣所难以企及的。魏征病逝,太宗亲临吊唁,痛哭失声,并说:

"夫以铜为镜,可以正衣冠;以古为镜,可以知兴替;以人为镜,可以知得失。我常保此三镜,以防己过。今魏征殂逝,遂亡一镜矣。"

【译文】

"用铜作镜子,可以端正衣冠;用历史作镜子,可以知道历代兴衰更替;用人作镜子,可以明白自己的得失。我常常保有这三面镜子,用来防止自己犯过错。如今魏征去世,就失去了一面镜子!"

十二、信息收集技能（Information Gathering Skill）

（一）信息收集技能的基本描述

信息收集技能指理解、获取、分析、处理和利用信息的能力。信息收集技能决定着是否能够全面看待问题，做到科学决策。在信息大爆炸和大数据决策的时代，信息收集技术对于所有人都非常重要，无论是学术研究还是管理公司都要熟练应用信息收集技能。信息收集技能能够帮助个人和组织提升完成任务的能力，如果没有收集到全面、客观、深入的信息，工作任务也能够完成，但是有可能在专业性和工作质量方面大打折扣。在移动通信快速发展的今天，我们接触大量碎片化的、满足即时感觉的信息，如何在海量信息中获取和利用有用的信息，形成对工作和学习有用的系统化的信息链条非常重要。

（二）信息收集技能的训练养成

信息收集的一般步骤如下：

1. 分析问题，确定信息收集类型

领导者要非常清楚收集信息是为了解决什么问题，与这个问题直接和间接相关的领域和专业有哪些，从而确定信息收集的类型、层次和深度。

2. 查找资源，确定收集方法和工具

确定信息类型后，在哪里收集信息、用什么样的方法收集信息对信息收集非常重要。资源要力求全面，既包括国内外的直接资源，又包括相关资源，还包括网络信息和出版物。针对不同的信息资源，要明确所需的收集方法和工具。

3. 开始收集，及时给信息打上标签

收集数据的过程中，会遇到各种各样的信息，有的信息可能与自己的需要紧密相关，有的可能间接相关，在保存这些信息的同时最重要的是要给这些信息打上标签，注明和哪些主题相关，便于自己后面检索利用。

4. 及时评估，确保信息收集的完整性

要记录从信息收集开始到结束的过程和信息内容的分类，及时对收集到的全部信息进行评估，确保自己所需要的信息内容全面。

收集信息时还要注意以下几个方面：一是调动大家的积极性，对于参与问题解决或者任务完成的每位员工,都要承担相应的信息收集任务,领导者需要提前对信息的内容、格式等做出规定;二是加强研讨,在确定信息收集方案时,要广泛征求大家意见,可以邀请一些专家参与讨论;三是加强培训,对工作人员信息收集技能进行培训,确保信息收集方法正确、技术先进。

(三)信息收集技能的评估及度量

根据自己的实际感受和体会,在最符合的数字上画圈(见表8-13)。评价标准如下:1——完全不符合,2——不符合,3——有点不符合,4——有点符合,5——符合,6——完全符合。

表8-13 信息收集技能度量表

序号	行为表现	评价					
1	在开始一项工作之前我习惯于找合适的人进行讨论	1	2	3	4	5	6
2	当遇到困难或者困惑时,我习惯于通过学习相关知识来解决	1	2	3	4	5	6
3	我对我的专业方向的最新研究动态掌握得比较准确	1	2	3	4	5	6
4	在进行主题班会或者开展活动演讲时,我能够大概知道别人会讲什么,也清楚知道自己该讲什么	1	2	3	4	5	6
5	除了参加和自己专业相关的学术讲座外,我对专业外的学术讲座也很感兴趣	1	2	3	4	5	6
6	我清楚知道自己的信息资源有哪些,也知道如何利用这些资源	1	2	3	4	5	6
7	一段时间我会非常关注自己需要解决问题的专项信息,在日常能够及时保存这些信息	1	2	3	4	5	6

分数计算:选1得1分,选2得2分,依此类推,选6得6分。得分越高代表信息收集技能水平越高。

(四)国学中的经典

《反经·变通》中讲述了孙膑和虞诩利用灶台信息迷惑敌方,一个增加灶台,一个减少灶台,方法不同,但目的都是给敌方提供错误信息。敌方利用这些信息做出了错误的判断,最终失败。

孙子曰:"善动敌者,形之,敌必从之。"何以明之?

魏与赵攻韩,齐田忌为将而救之,直走大梁。魏将庞涓去韩而归,齐军已过而西矣。孙膑谓田忌说:"彼三晋之兵,素悍勇而轻齐,齐号为怯。善用兵者,因其势而利导之。兵法曰:'百里而趋利者,蹶上将军。'使齐军入魏地为十万灶,明日为五万灶,明日为二万灶。"涓喜曰:"吾固知齐卒怯也。入吾地三日,士卒亡已过半。"乃弃其步兵,与轻锐倍日并行逐之。膑度其暮至马陵,道狭而多险,可伏兵。乃斫大树白书之曰:"庞涓死此树下。"令善射者万弩夹道而伏,期曰:"见火举而发。"涓夜至斫木下,见白书,乃钻火烛之,读书。齐军万弩俱发,魏军大乱,涓乃自刭,曰:"果成竖子之名也。"

虞诩为武都郡,羌率众遮诩于陈仓崤谷,诩令吏士各作两灶,日增倍之,羌不敢逼。或问曰:"孙子减灶而君增之。兵法:'日行三十里,以戒不虞。'今且行二百里,何也?"诩曰:"虏众既多,吾徐行则易为所及,疾行则彼不测之。且虏见吾灶多,谓群兵来至。孙子见弱,吾示强,势不同也。"

故曰:料敌在心,察机在目,因形而作,胜于众,善之善者矣。此变通之理也。

【译文】

孙子说:"要想调动敌人,就要会用假象欺骗敌人,敌人一定会上当的。"有什么事例可以证明这一点呢?

魏国与赵国联合攻打韩国。田忌率兵,直奔大梁。魏国大将庞涓知道以后,急忙离开韩国,赶回魏国。这时,齐国的军队已经开到西边去了。孙膑对田忌说:"那三晋的战士,素日勇猛凶悍,轻视齐国,而齐国的军队却号称怯懦。善于作战的人,要会顺应形势,加以正确的引导。兵法上说:走一百里路程争利,如没有后援,就一定会使领兵的大将受挫。应该让我们的军队,在进入魏国境内的第一天筑十万个灶台,第二天筑五万个灶台,第三天筑三万个灶台。"庞涓看到后高兴地说:"我本来就知道齐军怯懦,进入魏国以后只要三天,逃跑的就超过半数。"

庞涓扔下他的步兵,带着精锐的轻装骑兵,昼夜兼程,追逐齐军。

孙膑估计庞涓以这样的速度行军,在天黑的时候就会赶到马陵。马陵的道路狭窄,两边尽是绝壁,可以埋伏军队。孙膑又把一棵大树的皮砍下一块,露出白色的木质,在上面写下了"庞涓死于此树下"的字样。又命令一万名射箭能手埋伏在道路两边,约定说:"晚上看见点起火来,就一起放箭。"

庞涓果然在夜里来到了这棵树下,看见白色的木质上有字,就钻木取火,照着去看。这时,齐军万箭齐发,魏军一片混乱。庞涓知道败局已定,就自杀了。临死前他说:"这一仗可成就了这小子的名声。"

虞诩被举荐为武都郡守,羌族首领率领人马在陈仓的崤谷拦截虞诩。虞诩让手下每人各筑两个灶台,一天增加一倍。羌兵看到日渐增多的灶台,不敢向前追赶。有人问虞诩:"孙膑当年是每天减少灶台,您却每天增加。兵法上说,每天最好行进三十里,以备不测。您却行进了二百里,这是为什么?"虞诩说:"敌军人数众多,我如果行军缓慢,就会被追赶上,而疾速行军,敌军难测我军的行动,况且敌人看到我们的灶台不断增多,以为是郡里的兵马来了。孙膑是故意显示其弱小,我则是要显示强大,形势各有不同。"

所以说,要用心估量对手,用眼观察关键之所在,然后根据不同的情况制订不同的策略,这样就会避免因追随别人、因循旧例而失败。这就是变通的道理。

十三、鼓励员工参与技能（Employee Involvement Skill）

(一)鼓励员工参与技能的基本描述

在管理学中,员工参与管理是指让员工在不同程度上参加组织的决策过程及各级管理工作,让员工与企业的高层管理者处于平等的地位,共同讨论组织中的重大问题。通过鼓励员工参与,员工可以感受到上级主管的信任与期望,从而激发出自己的利益与组织发展密切相关的责任感。员工参与管理既是对个人的激励,员工会因为自己参与决策而有更多的成就感,又是上下级相互理解、激发员工工作责任心的有效措施,员工可以更加理解上级的政策和对员工的期望。

(二)鼓励员工参与技能的训练提升

鼓励员工参与的关键是营造一种环境,在这个环境中每个人都被看作是一个独立的人,每个人的想法和建议都会得到采纳或者反馈,员工对于组织最后的决策高度认同,员工的工作满意度得到提升,从而提高组织的生产力和工作绩效。

1. 优化组织结构

要构建鼓励员工参与的扁平化、网络化的组织结构,让组织的决策部署能够及时传达到员工,同时也能及时将员工的意见和建议收集上来。

2. 加强员工的教育培训

通过教育培训,员工可以站在组织的全局高度认识问题和思考问题,准确掌握组织面临的形势和工作目标,这样员工提出的问题和解决方案更有全局性和针对性。

3. 完善沟通交流机制

通过有效的沟通交流,可以提升员工的自我驱动力,同时也缩短了员工与管理者之间的距离,有利于各项工作的顺利开展。管理层与员工沟通和融合得越好,员工参与管理的效果就越好。

4. 给予适当奖励

对积极参与组织决策、提出好的意见和建议的员工在精神和物质上给予奖励,在岗位聘任和考核时予以考虑。

总的说来,激发员工的主人翁意识是员工参与管理得以实施的前提条件,采取合适的参与管理形式是员工参与管理得以成功的关键,也是提高员工参与管理有效性的强有力的保证。企业的成功离不开员工的积极参与,有效实施员工参与管理是企业制胜的有效法宝。

(三)鼓励员工参与技能的评估及度量

如果你是一个组织的领导者,对照下面的行为,根据自己的实际感受和体会,在最符合的数字上画圈(见表 8-14)。评价标准如下:1——非常不同意,2——比较不同意,3——不确定,4——比较同意,5——非常同意。

表 8-14 鼓励员工参与技能度量表

序号	表现	评价				
1	重视开展跨职能培训或工作轮换	1	2	3	4	5
2	重视开展包括团队建设和团队合作方面的培训	1	2	3	4	5
3	为新成员提供多部门轮岗的机会	1	2	3	4	5
4	考核标准应包括成员在团队中的参与度	1	2	3	4	5

续表

序号	表现	评价				
5	晋升标准应包括成员在团队中的参与度	1	2	3	4	5
6	参与度高的人更容易得到奖励及晋升机会	1	2	3	4	5
7	鼓励成员参与到管理团队或项目团队中	1	2	3	4	5
8	使用团队方式解决问题	1	2	3	4	5
9	举办各种活动,促进成员之间相互接触和建立关系	1	2	3	4	5

分数计算:选1得1分,选2得2分,依此类推,选5得5分。得分越高说明对自己鼓励员工参与技能水平越高。

(四)国学中的经典

三国时期,蜀主刘备死后,刘禅继位,蜀国的大小政事都由丞相诸葛亮处理。诸葛亮在朝野的威望很高,但他并不居功自傲,经常注意听取部下的意见。有部下反对他这样做,但他认为这是为了集中众人的智慧和意见,广泛听取有益的建议,于是,诸葛亮在《教与军师长史参军掾属》写下了以下文字:

夫参署者,集众思,广忠益也。若远小嫌,难相违覆,旷阙损矣。

【译文】

在幕府里工作的人要开动脑筋,提出建议和意见,工作才会做得更好。如果只顾考虑个人,为了避嫌不提出相反的意见,那么缺点就会愈积愈多,损失就会愈来愈大。

春秋时期著名的军事家、政治家,尊称兵圣的孙武有如下名言:

能用众力,则无敌于天下矣;能用众智,则无畏于圣人矣。

【译文】

如果能够依靠众人的力量,那么就会天下无敌;如果能够依靠众人的智慧,那么就不会害怕那些聪明的人了。

十四、激励技能(Motivation Skill)

(一)激励技能的基本描述

激励是人们行为、欲望和需求的动因,是一个人行为发生的诱因。激励促使一个人以某种方式行事,或至少对特定的行为产生一种倾向。如何激励追随者是每个领导者需要面对的重要问题,解决这个问题的一个重要方面就是要了解追随者的需求。1943年,美国心理学家马斯洛发表了《人类动机的理论》一书。在这本书中,马斯洛提出了著名的人的需求层次理论。马斯洛把人的需求分为生理(Physiological)、安全(Safety)、爱和归属感(Love/Belonging)、尊重(Esteem)和自我实现(Self-actualization)五类需求,依次由较低层次到较高层次排列(见图8-9)。在马斯洛看来,生理需求是人类最基本的需求和欲望,人类不会安于底层的需求,较低层的需求被满足之后,就会往高处发展,满足生理需求之后就追求心理满足和社会认同,之后就想被爱、被尊重,希望自身价值得到实现。

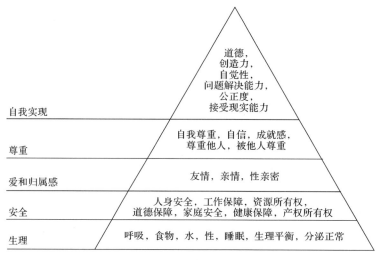

图8-9 需求层次理论

(二)激励技能的训练提升

从某种角度来看,激励如同化学实验中的催化剂,要根据具体任务目标决定使用不同的催化措施。领导者在实施激励措施时首先要明确价值观和工作愿景,明确激励的方向、目标和工作标准。其次要制定明确的激励措施,要恰当地掌握激励程度。激励程度是激励机制的重要因素之一,与激励效果有极为密切的联系。所谓激励程度是激励量的大小,即奖赏或惩罚标准的高低。能否恰当地掌握激励程度,直接影响激励作用的发挥,过量激励和不足量激励不但起不到真正的激励作用,有时甚至会起反作用,造成对工作积极性的挫伤。第三,要了解追随者的需求,针对不同的需求采取不同的激励措施。第四,要及时评估激励的效果,根据组织绩效和工作目标的完成情况,及时评估激励的效果,根据效果再确定下一步激励的措施和强度。

需要注意的是,任何激励都是双刃剑,在带来正面效应的同时也会带来负面效应,领导者在实施激励之前要充分考虑正面和负面影响。同时,激励措施要事前征求大家的意见和建议,明确激励的价值取向和目标要求,激励措施的执行一定要公正、透明,要不然不但达不到激励的效果,还会给组织带来不利的影响。

(三)激励技能的评估及度量

根据自己的实际感受和体会,圈出最符合的数字(见表8-15)。评价标准如下:VI——非常不经常,I——不经常,S——有时候会,F——比较经常,VF——非常经常。

表8-15 激励技能度量表

序 号	行为表现	VI	I	S	F	VF
1	我经常问别人,他或她希望达到什么目标	1	2	3	4	5
2	我试图弄清楚一个人是否有能力做我想要做的事情	1	2	3	4	5
3	当一个人拖拖拉拉的时候,通常意味着他/她很懒	5	4	3	2	1
4	我会向我想激励的人确切地解释我想要什么	1	2	3	4	5
5	我喜欢预先给别人奖励,我认为这样做他或她就会受到激励	5	4	3	2	1
6	当别人帮我完成一项任务时,我会给出很多反馈	1	2	3	4	5
7	我喜欢贬低别人,认为这样他或她会被吓到去做我需要做的事情	5	4	3	2	1
8	我确信每个人都得到公正对待	1	2	3	4	5
9	我相信只要待人真诚,别人就会像我一样努力工作	5	4	3	2	1

续表

序号	行为表现	VI	I	S	F	VF
10	我试图通过向对方灌输恐惧来达到我的目的	5	4	3	2	1
11	我会详细说明需要完成的工作	1	2	3	4	5
12	我慷慨地赞美那些帮助我完成工作的人	1	2	3	4	5
13	工作做得好本身就是应该的,因此我尽量减少表扬	5	4	3	2	1
14	我一定要让员工知道他们完成任务到什么程度才能达到我的期望	1	2	3	4	5
15	为了公平起见,我用同样的方式奖励人们,无论他们表现得有多好	5	4	3	2	1
16	当有人工作表现出色时,我很快就会认可他或她	1	2	3	4	5
17	在给别人奖励之前,我试着找出什么能吸引那个人	1	2	3	4	5
18	我的原则是,给他或她付钱做的工作我不会再说感谢的话	5	4	3	2	1
19	如果员工对激励的导向不清楚,激励就会受到影响	1	2	3	4	5
20	如果规定合理,许多工作都可以顺利完成	1	2	3	4	5

分数计算:选1得1分,选2得2分,依此类推,选5得5分。根据自己的选项及对应的分数计算得分,得分越高说明你对激励的认识越深刻,激励技能掌握得更好。

(四)国学中的经典

《孙子兵法》中有两段文献分别说明了如何激励士兵和权衡利害对付敌国的办法。

❖《孙子兵法·作战篇》

故杀敌者,怒也;取敌之利者,货也。车战得车十乘以上,赏其先得者,而更其旌旗。车杂而乘之,卒善而养之,是谓胜敌而益强。

【译文】

要让战士英勇杀敌,就要激发他们对敌人的愤怒;要让战士夺取敌人资财,就要善于奖赏他们。因此在车战中,凡缴获战车十辆以上的,就奖赏最先夺得战车的士卒,并且更换敌战车上的旌旗。将其混合编入自己的车阵之中,对于俘虏,要优待他们,使他们有归顺之心,这就是战胜敌人而使自己日益强大的方法。

❖《孙子兵法·九变篇》

是故智者之虑,必杂于利害,杂于利而务可信也,杂于害而患可解也。是故屈诸侯者以害,役诸侯者以业,趋诸侯者以利。

【译文】

智慧的将帅考虑问题,必定兼顾利与害这两方面。在考虑不利条件时,同时考虑有利条件,战事就能顺利进行;在看到有利因素时,同时考虑到不利因素,各种可能发生的祸患就可以预先排除。因此,用最令人头痛的事使敌国屈服,用复杂的事使敌国穷于应付,以利益引诱敌国疲于奔命。

十五、优先排序技能(Prioritizing Skill)

(一)优先排序技能基本描述

作为一个组织的领导者,每天都有许多事情要处理,如何及时高效地完成手头的任务,这就需要掌握优先排序技能。为什么要对工作进行优先排序呢?因为排序决定效率,决定着组织主要绩效指标的实现。另外,良好的优先排序技能还可以使领导者克服"时间短缺",更好、更快、更有创造性地干好工作,让自己更加高效,从而保持组织的良好竞争力。

(二)优先排序技能的训练养成

优先排序技能的养成首先要全面深入了解自己承担的工作,然后要创建一个必要工作列表,按照紧急性和重要性两个维度对工作进行分类,区分紧急的和重要的工作。

工作的分类可以按照图8-10来进行,对于不重要且不紧急的事情就不做了,对于不重要但是紧急的事情采取授权下属的方式完成,对于重要且紧急的事情要马上做,对于重要但是不紧急的事情可以先做好计划后续再完成。在图中体现为:不做,授权,马上做,计划做。

(三)优先排序技能的评估及度量

根据自己的实际感受和体会,你是否曾经有以下的困惑?圈出符合自己体会的数字(见表8-16)。评价标准如下:Ⅵ——非常不经常,Ⅰ——不经常,

S——有时候会,F——比较经常,VF——非常经常。

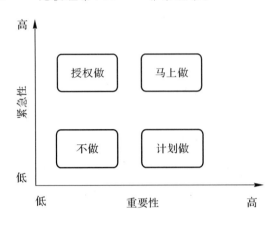

图 8-10 工作分类方法

表 8-16 优先排序技能度量表

序号	行为表现	VI	I	S	F	VF
1	希望有更多时间去完成工作任务	1	2	3	4	5
2	工作任务和工作头绪很多,不知道先抓哪个	1	2	3	4	5
3	感觉各项工作一团糟	1	2	3	4	5
4	工作正在影响着我的生活	1	2	3	4	5
5	面对新增加的工作,我觉得害怕或者有抵触情绪	1	2	3	4	5

分数计算:选1得1分,选2得2分,依此类推,选5得5分。根据选项及对应的分数计算得分,得分越高说明你越需要提升优先排序技能。

(四)国学中的经典

《史记》卷六十五:《孙子吴起列传第五》记录了田忌赛马的故事。这个故事虽然不能完全体现工作优先排序,但也说明了对事物进行分类、排序的重要性。

齐使者如梁,孙膑以刑徒阴见,说齐使。齐使以为奇,窃载与之齐。齐将田忌善而客待之。忌数与齐诸公子驰逐重射。孙子见其马足不甚相远,马有上、中、下辈。于是孙子谓田忌曰:"君弟重射,臣能令君胜。"田忌信然之,与王及诸公子逐射千金。及临质,孙子曰:"今以君之下驷与彼上驷,取君上驷与彼中驷,取君中驷与彼下驷。"既驰三辈毕,而田忌一不胜而再胜,卒得王千金。于是忌进孙子于威王。威王问兵法,遂以为师。

【译文】

齐国的使臣来到大梁,孙膑以犯人的身份秘密会见了齐使,并进行游说。齐国的使臣认为他是个难得的人才,就偷偷地用车把他载回齐国。齐国将军田忌不仅赏识他而且对他施以待客之礼。田忌经常跟齐国贵族子弟赛马,下很大的赌注。孙膑发现他们的马脚力都差不多,可分为上、中、下三等。于是孙膑对田忌说:"你尽管下大赌注,我能让你取胜。"田忌信以为然,与齐王和贵族子弟们比赛下了千金的赌注。到临场比赛,孙膑对田忌说:"现在用您的下等马对付他们的上等马,拿您的上等马对付他们的中等马,让您的中等马对付他们的下等马。"三次比赛完了,田忌败了一次,胜了两次,终于赢得了齐王千金赌注。于是田忌就把孙膑推荐给齐威王。威王向他请教兵法后,就把他当作老师。

十六、系统思维技能(System Thinking Skill)

(一)系统思维技能的基本描述

关于系统思维,彼得·圣吉(Peter M. Senge)在其著作《第五项修炼》中这样描述:"系统思维是一种探索整体而不是局部、探索事物的发展变化而不是静止、探索事物之间的相互联系而不是孤立的思维方式。"领导者系统思维是一项"看见整体"的修炼,是指领导者能够从更全面、更关注事物之间相互关系的角度去分析问题,通过改进自我心智模式,运用有效的行动去分析解决问题。

(二)系统思维技能的训练养成

一是多思考"为什么",无论是制订工作规划、做决策还是推进工作,要多思考为什么,从全面系统的角度来思考和谋划工作;二是养成动态思考问题的习惯,以时间变化和未来可能的形势变化为轴构建工作发展变化预测图;三是树立森林思维,既能看到树木,也能看到森林;四是闭环操作思维,把因果关系看作是一个持续的过程,而不是一次性事件,把结果反馈给原因,对照原因分析结果;五是养成及时评估的工作习惯,"吾日三省吾身",及时总结,查找其中的联系,全面系统地推进工作。

下列行为习惯的形成对养成系统思维技能很有帮助:

(1)尝试从可用的信息中提取规则、模式;

(2) 大多数情况下,组织功能的变化需要组织结构的调整;

(3) 在采取行动之前先找出原因;

(4) 发现一件事间接地导致另一件事;

(5) 试着理解问题中的事实是如何相互关联的;

(6) 试着找出影响你工作的外部因素及影响程度;

(7) 试着理解处于这种情况下的人们是如何相互联系的;

(8) 试着理解他人为什么要采取这样的行动;

(9) 试着理解如果自己是当事人该如何处理这件事情;

(10) 寻找根本性的长期纠正措施,寻找组织结构的变化,从而带来显著的持久改善;

(11) 在检查细节之前,先看看可用信息中的"大图景";

(12) 寻求对组织绩效的具体反馈;

(13) 考虑组织的不同部分如何联系以及如何相互影响的。

(三)系统思维技能的评价及度量

根据自己的实际感受和体会,看下列行为是否符合自己的行为习惯,在最符合的数字上画圈(见表 8-17)。评价标准如下:1——非常不符合,2——不符合,3——有时候符合,4——符合,5——非常符合。

表 8-17 系统思维技能度量表

序号	行为表现	评价				
1	我喜欢研究事情运作的细节	1	2	3	4	5
2	通常情况下,我很容易让自己的想法变得适应人们的需求	1	2	3	4	5
3	我喜欢处理抽象问题	1	2	3	4	5
4	理解他人是我工作中最重要的组成部分	1	2	3	4	5
5	我能够轻易地明白什么是大局	1	2	3	4	5
6	我善于把工作规划做好	1	2	3	4	5
7	我非常关心如何营造一个适宜沟通的环境	1	2	3	4	5
8	我对复杂的组织问题非常感兴趣	1	2	3	4	5
9	了解组织的结构对我来说非常重要	1	2	3	4	5
10	我喜欢为组织成长制定战略	1	2	3	4	5

续表

序号	行为表现	评 价				
11	我能千方百计完成分配给我的任务	1	2	3	4	5
12	我非常喜欢协调各方一起工作	1	2	3	4	5
13	制作任务清单是有价值的工作	1	2	3	4	5
14	我明白我工作的基本要求	1	2	3	4	5
15	我关心我的决定如何影响他人的生活	1	2	3	4	5
16	我愿意思考组织的价值观和组织成员的人生观	1	2	3	4	5

分数计算：选1得1分，选2得2分，依此类推，选5得5分。得分越高说明你对自己的系统思维技能评价越高。

(四)国学中的经典

《孙子兵法·作战篇》对战争带来的影响进行了系统思考，并提出了具体的意见和建议。

善用兵者，役不再籍，粮不三载，取用于国，因粮于敌，故军食可足也。国之贫于师者远输，远输则百姓贫；近师者贵卖，贵卖则百姓财竭，财竭则急于丘役。力屈、财殚、中原、内虚于家，百姓之费，十去其七；公家之费，破军罢马，甲胄矢弓，戟盾矛橹，丘牛大车，十去其六。故智将务食于敌，食敌一钟，当吾二十钟；萁秆一石，当吾二十石。

【译文】

善于用兵打仗的人，兵员不再次征调，粮饷也不用多次转运。各项军用从国内征取后，粮草补给在敌国就地解决。国家之所以因为打仗而贫困，是由于军队远征，物资不得不进行长途运输，长途运输使百姓贫困，军队经过的地方物价必然飞涨，物价上涨就会使百姓财物枯竭，财物枯竭就更加难以应付赋役。民力耗尽，财物枯竭，国内财政空虚，百姓的资财耗去了十分之七。国家的资财，由于战车破损、战马疲病，盔甲、矢弩、矛盾、牛、车之类的损失，耗去了十分之六。因此，明智的将领总是力求从敌方夺取粮草，从敌方夺取一钟的粮食，就相当于从本国启运时的二十钟；就地夺取敌人饲草一石，相当于从本国启运时的二十石。

十七、战略思维技能(Strategic Thinking Skill)

(一)战略思维技能的基本描述

战略思维是指思维主体(个人或集团)对关系事物全局的、长远的、根本性的重大问题的谋划(分析、综合、判断、预见和决策)的思维过程。从国家层面上讲,战略思维涉及的对象大多是政治、经济、社会、民生和文化等重大领域发展的复杂过程。对于一个组织的领导者来讲,战略思维技能是为了解决以下几个问题:我所领导的组织未来会是什么样子,什么是重要的,什么是次要的,未来对我们来说意味着什么?

战略思维要贯穿战略制定和实施的整个过程,战略制定一般按照以下程序。

1. 进行战略预测

战略预测是在对战略所涉及的事物或对象现实状况和未来发展趋势的科学把握基础上,对战略目标、战略任务及战略手段的可行性及实施效果的预测。战略预测是提出战略目标、战略任务、战略措施的基础和前提,战略预测如果是错误的,整个战略的谋划就是失败的。

2. 形成战略目标

根据战略预测制定战略目标,战略目标是实施某一战略要达到的最终结果,是战略的出发点和落脚点。它在战略体系中居于统帅地位。

3. 提出战略方针

战略方针是根据战略目标要求确定的指导战略全局的总纲领、总原则。它规定完成战略任务、实现战略目标的基本途径和手段,明确战略重点和主要战略部署,是组织战略实施的指导思想。

4. 制订战略任务

战略任务是战略目标的分解,战略任务是详细的、具体的,战略目标要通过战略任务的完成才能实现。战略任务可以分解成若干具体的子任务和更详细的具体任务,特别注意任务和具体任务要协同推进。

5. 制订战略措施

战略措施是为了完成战略任务采用的各种方式、方法和手段。战略措施是战略系统中最关键、实践性最强、最有可操作性的部分。

6. 战略实施的反馈及战略修正

战略实施是检验战略思维的途径。如果战略预测有误,或者事物发生重要的变化,就要根据实际情况(信息反馈)及时修改战略目标和计划等,有时甚至要放弃整个战略。

(二)战略思维技能的训练养成

战略思维技能的训练养成非常复杂,它不可能是在脱离实践的课堂上直接培训出来的,而必须在实践中锻炼。对于大学生来讲,一是要关注社会未来的发展情况,包括政治、科技、教育等领域的发展大势;二是要关注自己未来发展的定位,加强对与自己相关联的知识学习和技能训练,可以就某一项和自己相关的工作进行比较深入的调查研究和实践,从而不断完善自己的世界观和方法论;三是要利用大学的各种平台,尽量多地了解各种信息和情况,不断开阔自己的思维和眼界。总的说来,要通过各种学习和实践,实现自己的思维方式从封闭走向开放、从静态走向动态、从线性走向系统综合、从单维度走向多维度、从确定性走向非确定性的转变。

下面给大家介绍制定战略规划的 SWOT 分析方法。

所谓 SWOT 分析,即基于内外部竞争环境和竞争条件下的态势分析,就是将与研究对象密切相关的各种主要内部优势和劣势以及外部的机会和威胁等,通过调查列举出来,并依照矩阵形式排列,然后用系统分析的思想,把各种因素相互匹配起来加以分析,从中得出一系列相应的结论,而结论通常带有一定的决策性。运用这种方法,可以对研究对象所处的情景进行全面、系统、准确的研究,从而根据研究结果制定相应的发展战略、计划以及对策等。S(Strengths)是优势,W(Weaknesses)是劣势,O(Opportunities)是机遇,T(Threats)是威胁。按照企业竞争战略的完整概念,战略应是一个企业"能够做的"(即组织的强项和弱项)和"可能做的"(即环境的机会和威胁)之间的有机组合。

从整体上看,SWOT 分析可以分为两部分:第一部分为优势和劣势,主要用来分析内部条件;第二部分为机遇与威胁,主要用来分析外部条件。利用 SWOT 分析可以从中找出对自己有利的、值得发扬的因素,以及对自己不利的、要避开的东西,发现存在的问题,找出解决办法,并明确以后的发展方向(见图8-11)。

1. **优势**

优势是组织机构的内部因素,具体包括:有利的竞争态势,充足的财政来源,良好的企业形象,技术力量,规模经济,产品质量,市场份额,成本优势,广告攻势等。在梳理组织的优势时要思考以下主要相关问题:你或者组织擅长什么,有什么独特的技能,有什么专业知识,有什么经验,在哪些方面比竞争对手做得更好?

优势 (Strengths)	劣势 (Weaknesses)
组织中有助于实现目标的特性 Attributes of the organization that are helpful to achieving the objective	组织中不利于实现目标的特性 Attributes of the organization that are harmful to achieving the objective
机遇 (Opportunities)	威胁 (Threats)
有助于实现时机的外部环境 External conditions that are helpful to achieving the objective	不利于实现目标的外部环境 External conditions that are harmful to achieving the objective

图 8-11　SWOT 分析方法

2. 劣势

劣势也是组织机构的内部因素,主要是与发展形势相比存在的主要问题,具体包括:管理混乱,缺少关键技术,研究开发落后,资金短缺,经营不善,产品积压,竞争力差等。在梳理组织劣势时要思考以下主要问题:未来发展对组织内部带来的挑战是什么,在哪些方面你需要改进,组织的竞争力有什么差距,缺少什么资源,如何不断改善组织模式?

3. 机遇

机遇是组织机构的外部因素,具体包括:新产品、新市场、新需求,市场壁垒解除,竞争对手失误等。在梳理组织机会时要思考以下主要问题:业务目标与社会需求是否紧密结合,现有客户或未来客户在哪里,如何利用新技术来提升你的业务?

4. 威胁

威胁是组织机构的外部因素,具体包括:新的竞争对手,替代产品增多,市场紧缩,行业政策变化,经济衰退,客户偏好改变,突发事件等。在梳理组织威胁时要思考以下主要相关问题:面临哪些障碍,你最大的竞争对手的优势是什么,行业发生了什么变化?

(三)战略思维技能的评估及度量

根据自己的实际感受和体会,在最符合的数字上画圈(见表8-18)。评价标准如下:SD——非常不同意,D——不同意,N——中立,A——同意,

SA——非常同意。

表8-18 战略思维技能度量表

序号	观点描述	SD	D	N	A	SA
1	我在工作中采取的每一个行动都应该为组织和社会增加价值	1	2	3	4	5
2	让高层思考未来,我有我自己的工作要做	5	4	3	2	1
3	战略思维是无用的,组织中必须有人去完成工作	5	4	3	2	1
4	没有一个让人激动的愿景,一个组织不可能成功	1	2	3	4	5
5	我会认真对待自己的工作,因为我做的工作会影响组织的未来	1	2	3	4	5
6	相比其他技能,我觉得技术技能是最重要的	5	4	3	2	1
7	制定战略规划要特别关注一些重要部门,有些部门可以不考虑	5	4	3	2	1
8	当开始一项新的工作时,我会问自己"为什么要做这件事情"	1	2	3	4	5
9	一个运行良好的组织没有必要考虑改变	5	4	3	2	1
10	单位愿景很好,但是我不知道如何参与	5	4	3	2	1

分数计算:选1得1分,选2得2分,依此类推,选5得5分。得分越高说明对战略思维技能的自我评价越好。

(四)国学中的经典

《道德经》第六十四章提出的"为之于未有,治之于未乱"是一种对现在和未来的战略思维,同时扁鹊对于"最善为医"的论述也是一种战略思维的体现。

❖《道德经》第六十四章

其安易持,其未兆易谋;其脆易泮,其微易散。为之于未有,治之于未乱。合抱之木,生于毫末;九层之台,起于累土;千里之行,始于足下。

【译文】

安定的局面容易保持和维护,没有迹象的事物容易谋划;脆弱的事物容易打碎,细微的事物容易散失。做事情要在它尚未发生时就处理妥当,治国理政,要在祸乱产生以前就早做准备。合抱的大树,生长于细小的根芽;九层的高台,是由一筐筐的泥土垒起来的;千里的远行,是从脚下第一步开始走出来的。

❖《鹖冠子·卷下·世贤第十六》

魏文侯问扁鹊曰:"子昆弟三人其孰最善为医?"扁鹊曰:"长兄最善,中兄次之,扁鹊最为下。"魏文侯曰:"可得闻邪?"扁鹊曰:"长兄于病视神,未有形而除之,故名不出于家。中兄治病,其在毫毛,故名不出于闾。若扁鹊者,镵血脉,投毒药,副肌肤,闲而名出闻于诸侯。"

【译文】

魏文王问扁鹊:"你们家兄弟三人都精于医术,到底哪一位最好呢?"扁鹊答:"我的大哥医术最好,二哥次之,我最差。"文王再问:"那么为什么你最出名呢?"扁鹊答道:"我大哥治病,是治病于病情发作之前,由于一般人不知道他能事先铲除病因,反而觉得他的治疗没什么明显的效果,所以他的名气无法传出去,只有我们家的人才知道。我二哥治病,是治病于病情初起之时,看上去以为他只能治轻微的小病,所以他的名气只能在我们乡里流传。而我扁鹊治病,是治病于病情已经严重的时候。一般人看到我在经脉上扎针放血,在皮肤上敷药,用麻药让人昏迷,做的都是些不可思议的大手术,自然以为我的医术高明,因此名气响遍全国,远远大于我的两位哥哥。"

十八、创新技能(Innovation Skill)

(一)创新技能的基本描述

创新是指人类为了满足自身需要,不断拓展对客观世界及自身的认知与行动的过程和结果的体现。具体来讲,创新是指人为了一定的目的,遵循事物发展的规律,对事物的整体或其中的某些部分进行变革,从而使事物发展出现新的变化,呈现出新的气象。像战略思维技能一样,创新技能也是一个复杂的技能,同时也是一个领导者必需的技能。伟大的领导者能看到即将到来的变化,当这些变化发生时,他们会不断地推动组织处于正确的位置并保持旺盛的竞争力。

(二)创新技能的训练养成

创新一般都起源于想法,有了想法以后,经过对想法的定义、发现、提升,最后实现这种想法,也就形成了一个创新循环(见图 8-12)。

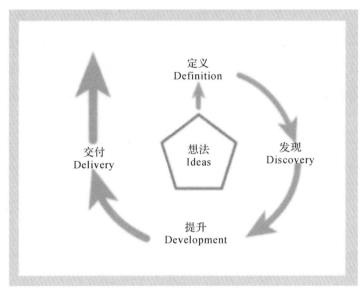

图 8-12 创新循环示意图

创新技能的训练关键是要结合形势的变化和组织的发展形成好的想法,这种好的想法包括所用员工的。一个好的想法的产生过程一般包括以下几个阶段(见图 8-13):

(1)对需求或者机会的理解;

(2)生成一个或更多的想法;

(3)与他人合作来发展这个想法;

(4)描述这个想法;

(5)提升这个想法;

(6)评估这个想法。

图 8-13 好的想法的产生过程

对于一个领导者来讲,最重要的是在组织内培养创新的组织文化,这也是一个很复杂的过程。对于大学生来讲,在学习的过程中要注意启发自己的思维,产生一些对问题的思考和想法。比如,在听一个报告的时候,把自己的记录本分成两个部分,一部分记录报告的主要内容,另一部分随时记下报告的内容对自己的启发和自己产生的一些想法(见表8-19)。随后可以对这些启示和想法按照图8-13的过程进行完善,最终产生创新的想法。

表 8-19　记录本示例

报告的主要内容	对自己的启示和想法

(三)创新技能的评估及度量

1. 对个人创新技能水平的评估及度量

根据自己的实际感受和体会,在最符合的选项中画圈(见表8-20)。评价标准如下:MT——大部分是正确的,MF——大部分是不正确的。

表 8-20　个人创新技能度量表

序号	情况描述	MT	MF
1	阅读专业之外的杂志、文章或者书籍是浪费时间		
2	我经常有改变自己工作方法的想法		
3	阅读小说和参观博物馆纯属浪费自己的时间		
4	我是一个非常有信念的人:对的就是对的,错的就是错的		
5	我喜欢我的领导给我比较含糊的指示		
6	从混乱到秩序稳定是一个有趣的过程		
7	我经常会偏离我的待办事项清单里面的内容		
8	花费较长时间、用不同的方法来完成一项工作很有趣		

续表

序号	情况描述	MT	MF
9	制度不是一成不变的,在特殊环境下有些制度可以打破		
10	尝试新的想法是有趣的,即使它最终对我没有好处		
11	我的一些最好的想法是建立在别人的想法上的		
12	写作时我尽量避免使用不常用的、标新立异的词语		
13	我经常记下自己在未来工作中需要改进的地方		
14	通常情况下,我更喜欢使用自己比较熟悉的设备或者软件		
15	比起贺卡,我更喜欢给我爱的人写私人信件或者诗歌		
16	我喜欢玩拼图游戏		
17	只要能把问题解决了,就是最好的办法		
18	我喜欢和有想法的人聊天		
19	侦探工作对我有些吸引力		
20	严格的人财物管理对组织成功是必需的		

注:和下列答案一致的计1分,分数越高说明你对自己的创新技能水平评价越高。
MT:2,5,6,8,9,10,13,15,16,19;MF:1,3,4,7,11,12,14,17,18,20。

2. 对组织创新氛围的评估及度量

根据自己的实际感受和体会,在最符合的选项中画圈(见表8-21)。评价标准如下:MY——大部分是,MN——大部分不是。

表8-21 组织创新氛围度量表

序号	情况描述	MY	MN
1	在组织内鼓励创新		
2	我们的创造性工作能力受到领导的尊重		
3	在这里,人们用不同的方法解决同样的问题是允许的		
4	在这个组织,追随者的主要功能是服从通过程序下达的命令		
5	在这里,一个与众不同的人会有很多麻烦		
6	这个组织的明显特征是灵活的和自适应变化的		
7	在这里,一个人如果做不同的事情就会惹别人生气		

续表

序号	情况描述	MY	MN
8	在这个组织中相处最好的方法就是以团队其他成员的方式思考问题		
9	这个组织希望组员以同样的方法解决同样的问题		
10	这个组织是开放的和响应变化的组织		
11	这里的负责人通常会因为实施别人的想法而得到赞扬		
12	在这个组织中,我们倾向于使用经过验证正确的工作方法		
13	这个地方似乎更关心现状,而不是变化		
14	在发展新想法方面的帮助在这里是随时可以得到的		
15	这个组织有足够的资源用于支持创新		
16	在这里有足够的时间来琢磨创造性的想法		
17	缺乏创新方面的资金支持是这个组织的一个问题		
18	人员短缺阻碍了组织的创新		
19	在工作日,这个组织给了我追求创新的自由时间		
20	这个组织将创新纳入绩效考核制度体系		
21	这个组织公开宣传并认可那些有创新能力的人		
22	这里的奖励制度主要惠及那些不破坏现状的人		

注:和下列答案一致的计1分,分数越高说明组织鼓励创新的氛围越好。
MY:1,2,3,6,10,14,15,16,19,20,22;MN:4,5,7,8,9,11,12,13,17,18,22。

(四)国学中的经典

《商君书·更法》中记录了秦孝公同公孙鞅(商鞅)、甘龙、杜挚三位大臣讨论变法时的对话,体现了与时俱进的变革精神。对话中有些观点,例如,商鞅关于变法不用征求百姓同意值得商榷。

孝公平画,公孙鞅、甘龙、杜挚三大夫御于君。虑世事之变,讨正法之本,求使民之道。

君曰:"代立不忘社稷,君之道也;错法务明主长,臣之行也。今吾欲变法以治,更礼以教百姓,恐天下之议我也。"

公孙鞅曰:"臣闻之:'疑行无成,疑事无功。'君亟定变法之虑,殆无顾天下之议之也。且夫有高人之行者,固见负于世;有独知之虑者,必见骜于民。语曰:

'愚者暗于成事,知者见于未萌。民不可与虑始,而可与乐成'。郭偃之法曰:'论至德者不和于俗,成大功者不谋于众。'法者所以爱民也,礼者所以便事也。是以圣人苟可以强国,不法其故;苟可以利民,不循其礼。"

孝公曰:"善!"

甘龙曰:"不然。臣闻之:'圣人不易民而教,知者不变法而治。'因民而教者,不劳而功成;据法而治者,吏习而民安。今若变法,不循秦国之故,更礼以教民,臣恐天下之议君,愿孰察之。"

公孙鞅曰:"子之所言,世俗之言也。夫常人安于故习,学者溺于所闻。此两者,所以居官而守法,非所与论于法之外也。三代不同礼而王,五霸不同法而霸。故知者作法,而愚者制焉;贤者更礼,而不肖者拘焉。拘礼之人不足与言事,制法之人不足与论变。君无疑矣。"

杜挚曰:"臣闻之:'利不百,不变法;功不十,不易器'。臣闻:'法古无过,循礼无邪。君其图之!'"

公孙鞅曰:"前世不同教,何古之法?帝王不相复,何礼之循?伏羲、神农,教而不诛;黄帝、尧、舜,诛而不怒;及至文、武,各当时而立法,因事而制礼。礼、法以时而定;制、令各顺其宜;兵甲器备,各便其用。臣故曰:治世不一道,便国不必法古。汤、武之王也,不脩古而兴;殷、夏之灭也,不易礼而亡。然则反古者未必可非,循礼者未足多是也。君无疑矣。"

孝公曰:"善! 吾闻穷巷多怪,曲学多辩。愚者之笑,智者哀焉;狂夫之乐,贤者丧焉。拘世以议,寡人不之疑矣。"

于是遂出垦草令。

【译文】

秦孝公同大臣商讨强国大计,公孙鞅、甘龙、杜挚三位大夫侍奉在孝公的面前,他们分析社会形势的变化,探讨整顿法制的根本原则,寻求治理百姓的方法。

秦孝公说:"接替先君位置做国君后不能忘记国家社稷,这是国君应当奉行的原则;实施变法务必显示出国君的权威,这是做臣子的行动原则。现在我想要通过变更法度来治理国家,改变礼制来教化百姓,又害怕天下人非议我。"

公孙鞅说:"我听过这样一句话:'行动迟疑就不会有成就,办事犹豫不决就不会有功效。'国君应当尽快下定变法的决心,不要顾及天下人会怎么议论您。何况做出比普通人英明行为的人,本来就会被世俗社会所非议;独一无二见识思考的人,也一定会遭到他人的嘲笑。俗语说:'愚笨的人在办成事情之后还不明白是怎么回事,聪明的人对那些还没有显露萌芽的事情就能先预测到。'百姓,不可以同他们讨论开始创新,只能够与他们一起欢庆事业的成功。郭偃的法书上说:'讲究崇高道德的人,不去附和那些世俗的偏见。成就大事业的人不去同民众商量。'法度,是用来爱护百姓的。礼制,是为了方便办事的。所以圣明的人治理国家,如果能够使国家富强,就不必沿用旧有的法度。如果能够使百姓受益,就不必遵循旧的礼制。"

孝公说:"好!"

甘龙说:"不是这样的。臣也听说这样一句话:'圣明的人不去改变百姓的旧习俗来施行教化,有智慧的人不改变旧有的法度来治理国家。'顺应百姓旧有的习俗来实施教化的,不用费什么辛苦就能成就功业;根据旧有的法度来治理国家的人,官吏熟悉礼法,百姓也安乐。现在如果改变法度,不遵循秦国旧有的法制,要更改礼制教化百姓,臣担心天下人要非议国君了。希望国君认真考虑这样的事。"

公孙鞅说:"您所说的这些话,正是世俗的言论。平庸的人固守旧的习俗,读死书的人局限在他们听说过的事情上。这两种人,只能安置在守法的官位上,却不能同他们在旧有法度之外讨论变革法制的事。夏、商、周这三个朝代礼制不相同,却都能称王于天下,春秋五霸各自的法制不同,却能称霸诸侯。所以有智慧的人能创制法度,而愚蠢的人只能受法度的约束。贤能的人变革礼制,而没有才能的只能受礼制的束缚。受旧的礼制制约的人,不能够同他商讨国家大事。被旧法限制的人,不能同他讨论变法。国君不要迟疑不定了。"

杜挚说:"臣听说过这样的话:'如果没有百倍的利益不要改变法度,如果没有十倍的功效不要更换使用工具。'臣听说效法古代法制不会有什么过错,遵循旧的礼制不会有偏差。希望国君能够慎重考虑这件事。"

公孙鞅说:"以前的朝代政教各不相同,应该去效法哪个朝代的古法呢?古代帝王的法度不相互因袭,又有什么礼制可以遵循呢?伏羲、神农教化不施行惩戒,黄帝、尧、舜虽然实行惩戒但却不过分,等到了周文王和周武王的时代,他们各自顺应时势而建立法度,根据国家的具体情况制定法令。礼制和法度都要根据实际情况来制定,法制、命令都要顺应当时的社会事宜,兵器、铠甲、器具、装备的制造都要方便使用。所以臣说:治理国家不一定都要用一种方式,只要对国家有利就不一定非要效法古代。商汤、周武王称王于天下,是因为他们没有遵循古代法度才兴旺,殷朝和夏朝的灭亡,是因为他们没有更改旧的礼制才覆亡的。既然如此,违反旧的法度的人,不一定就应当遭责难;遵循旧的礼制的人,不一定值得肯定。国君对变法的事就不要迟疑了。"

孝公说:"好。我听说从偏僻小巷走出来的人喜欢少见多怪,学识浅陋的人多喜欢诡辩。愚昧的人所讥笑的事,正是聪明人感到悲哀的事。狂妄的人高兴的事,正是有才能的人所担忧的。那些拘泥于世俗偏见的议论言词,我不再因它们而疑惑了。"

于是,孝公颁布了关于开垦荒地的命令。

十九、自我意识技能(Self-awareness Skill)

(一)自我意识技能的基本描述

自我意识是人对自己身心状态和对自己同客观世界的关系自我评价的意识。自我意识是一种多维度、多层次的复杂心理现象,它由自我认识、自我体验和自我控制三种心理成分构成。自我意识包括三个层次:对自己及其状态的认识,对自己肢体活动状态的认识,对自己思维、情感、意志等心理活动的认识。自我意识不仅是人脑对主体自身的意识与反映,也反映人与周围环境与现实之间的关系。

对于领导者来讲,自我意识技能主要是准确地认识自己和评价自己,确切地说,就是领导者既要清楚追随者是如何认识和评价自己的,也要准确知道上级是如何评价和认识自己的,同时要知道上级和下属对自己评价与自我评价的差别,还要知道这些评价存在差别的原因以及掌握如何调整和改善这些评价的方法。如果自我意识存在较大偏差,就会过高评价自己或者过低评价自己,从而使领导者产生自大或者自卑的情绪(见图8-14)。

图8-14 自我评价过高

领导者的自我意识和现实存在较大差距是非常危险的一件事情,而要做到准确评价自己又非常困难。根据有关文献的研究成果,领导者对自己的领导方式的评价和团队成员的评价存在着明显的差距,比如,超过50%的领导者认为自己的领导方式是辅导型的,实际上,团队成员这样认为的只有24%(见图8-15)。

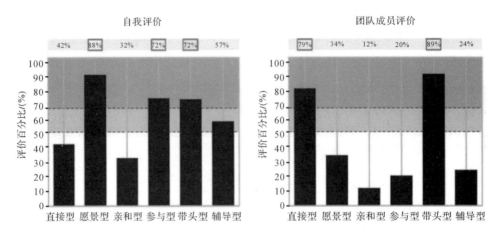

图8-15 自我评价与团队成员评价之对比

(二)自我意识技能的训练养成

养成良好的自我意识技能非常复杂和困难,但是对领导者来讲,自我意识技能是非常重要的技能之一。对在校学习的大学生来讲,因为缺少实践锻炼的机会,养成良好的自我意识技能就更加困难。大学生养成良好自我意识技能的渠道和方法有以下几个:一是及时获得真实的反馈信息,反馈是提升自我意识技能的主要手段,要养成及时征求别人意见和建议的习惯,比如,在进行演讲或者答辩时,可以事先征求同学、老师和家长等对自己熟悉的人的意见和建议,完成一项工作后要及时进行总结,征求别人的意见和建议;二是深入分析自我评价和别人评价之间的差距及原因,每一项工作结束后,针对自己的期望、实际效果和别人的评价进行深入分析,找出其中的差距及存在差距的原因;三是多观察别人的行为及结果,对身边人的行为进行细致观察,对行为的结果进行分析,同时思考如果是自己该如何做,自己做会达到什么样的效果。图8-16列出了一项关于如何提升自我意识技能的研究结果。

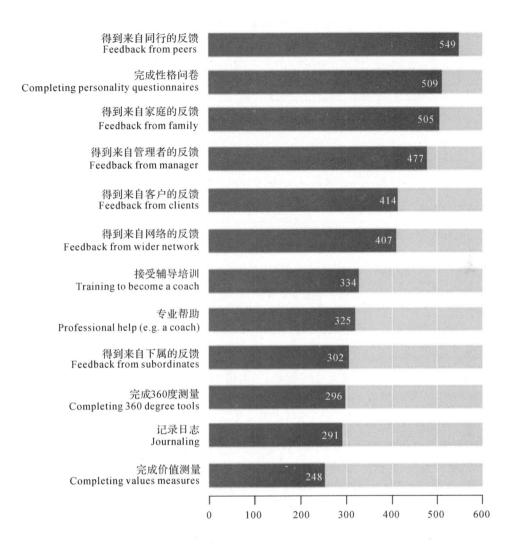

图 8-16　提升自我意识的方法

(三)自我意识技能的评估及度量

根据自己的实际感受和体会,在最符合的数字上画圈(见表 8-22)。评价标准如下:1——非常不符合,2——不符合,3——不确定,4——符合,5——非常符合。

表 8-22 自我意识技能度量表

序号	情况描述	评价				
1	我很清楚自己的优点和缺点	1	2	3	4	5
2	我很清楚自己的行为及行为产生的后果	1	2	3	4	5
3	征求别人意见时,反馈的意见和自己的判断基本一致	1	2	3	4	5
4	我清楚自己的价值观及这种价值观对自己未来的影响	1	2	3	4	5
5	我清楚知道别人表扬我和批评我的原因	1	2	3	4	5

分数计算:选 1 得 1 分,选 2 得 2 分,依此类推,选 5 得 5 分。分数越高说明自己对自我意识的评价较好。

(四)国学中的经典

范蠡(公元前 536 年—公元前 448 年),字少伯,华夏族,楚国宛地三户(今南阳淅川县滔河乡)人。春秋末期政治家、军事家、经济学家和道家学者。曾献策扶助越王勾践复国,兴越灭吴,后隐去。《史记·越王勾践世家》记载了两段关于范蠡的历史,从中我们看到范蠡对时局的认识和自我意识的准确性。

范蠡事越王勾践,既苦身戮力,与勾践深谋二十馀年,竟灭吴,报会稽之耻,北渡兵於淮以临齐、晋,号令中国,以尊周室,勾践以霸,而范蠡称上将军。还反国,范蠡以为大名之下,难以久居,且勾践为人可与同患,难与处安,为书辞勾践曰:"臣闻主忧臣劳,主辱臣死。昔者君王辱於会稽,所以不死,为此事也。今既以雪耻,臣请从会稽之诛。"勾践曰:"孤将与子分国而有之。不然,将加诛于子。"范蠡曰:"君行令,臣行意。"乃装其轻宝珠玉,自与其私徒属乘舟浮海以行,终不反。於是勾践表会稽山以为范蠡奉邑。

【译文】

范蠡事奉越王勾践,辛苦惨淡、勤奋不懈,与勾践运筹谋划二十多年,终于灭了吴国,雪洗了会稽的耻辱。越军向北进军淮河,兵临齐、晋边境,号令中原各国,尊崇周室,勾践称霸,范蠡做了上将军。回国后,范蠡以为盛名之下,难以长久,况且以勾践的为人,可与之同患难,难与之同安乐,于是写信辞别勾践说:"我听说,君王忧愁、臣子就劳苦,君主受辱、臣子就该死。过去您在会稽受辱,我之所以未死,是为了报仇雪恨。当今既已雪耻,臣请求您给予我君主在会稽受辱的死罪。"勾践说:"我将和你平分越国。否则,就要加罪于你。"范蠡说:"君主可执行您的命令,臣子仍依从自己的意愿。"于是他打包了细软,与随从从海上乘船离去,始终没有回到越国。勾践为表彰范蠡把会稽山作为他的封邑。

范蠡遂去,自齐遗大夫种书曰:"飞鸟尽,良弓藏;狡兔死,走狗烹。越王为人长颈鸟喙,可与共患难,不可与共乐。子何不去?"种见书,称病不朝。人或谗种且作乱,越王乃赐种剑曰:"子教寡人伐吴七术,寡人用其三而败吴,其四在子,子为我从先王试之。"种遂自杀。

【译文】

范蠡于是离开了越王,从齐国给大夫种发来一封信。信中说:"飞鸟尽,良弓藏;狡兔死,走狗烹。越王为人阴险残忍,只可以与之共患难,不可以与之共享乐,你为何不离去?"种看过信后,声称有病不再上朝。有人中伤种将要作乱,越王就赐给种一把剑说:"你教给我攻伐吴国的七条计策,我只采用三条就打败了吴国,那四条还在你那里,你替我去先王面前尝试一下那四条吧!"种于是自杀。

二十、拒绝技能(Saying No Skill)

(一)拒绝技能的基本描述

回想一下自己的经历,是否经历过有的时候不愿意参加聚会或者不愿意做一件事情,但是又不好意思拒绝的情况?大部分人可能都会有这样的经历,这就需要我们学会拒绝技能。因为我们的时间、精力和兴趣是有限的,所以一定要学会拒绝。但是拒绝对于大多数人来说都是一件很难做到的事情,之所以难以做到,一是知道被人拒绝的感觉有多么糟糕,我们不想让别人失望;二是没有进行深入的思考,没有仔细分析同意或者拒绝后的结果;三是害怕拒绝后可能引起冲突,所以不敢说真话,以牺牲自己的真实想法来避免争吵、维持和平。

对于领导者来说,往往会遇到组织内外人员的各种要求,如何科学合理地拒绝不正当要求是领导者必须要具备的技能。正确运用拒绝技能既有利于组织文化氛围的营造,又对领导者的工作效率有益,同时让领导者能够坚持自己的原则,维护自己的人格形象。

(二)拒绝技能的训练养成

大学生要在日常的学习生活中训练自己的拒绝技能,当遇到一件事情时学着认真思考以下问题:

(1)清楚了解法律法规和道德标准,对于违法违纪的事情和不符合社会道德标准的事情,要坚决予以拒绝。

(2)清楚你的愿景和目标,明确自己追求的目标是什么,如果对自己的愿景和目标有影响,那么就要学会拒绝。

(3)尝试思考说"是"后的影响,如果给自己带来不利影响,就要学会拒绝。但是,有的时候自己也要解放思想,全面、系统思考,多征求他人意见,因为有的拒绝可能会使自己失去了解新生事物的机会。

(4)要知道很多时候说"不"并没有关系或者不像你想象的那么严重,不要把问题想得太复杂,要认识到自己说"不"后一般情况下对方也可以理解。

(5)拒绝别人时尽量使用合适的方法,有的要直接拒绝,有的要间接拒绝,有的可以借助其他的外力来帮助你拒绝。另外,针对拒绝的事情不回复或者延迟回复也是拒绝的形式。在拒绝别人时,要使用恰当的媒介和语言,注意尊重对方。

(6)在拒绝别人的同时,也可以尝试提供一个自己与对方都有可能认可的替代方案进行商讨。

(7)当拒绝的事情比较多的时候,可以把所有的事情写下来,对这些事情进行一个评估,看是否需要调整自己拒绝的标准。

(三)拒绝技能的评估及度量

根据自己的实际感受和体会,在最符合的数字上画圈(见表8-23)。评价标准如下:MF——非常不符合,F——不符合,N——中立,T——符合,MT——非常符合。

表8-23 拒绝技能度量表

序号	行为表现	MF	F	N	T	MT
1	对于好朋友提出的要求我不一定都全部满足	1	2	3	4	5
2	很多时候参加完一些活动后,我感到后悔,觉得没有收获	5	4	3	2	1
3	我非常清楚自己的行为准则并严格执行	1	2	3	4	5
4	我会根据环境和对方的情况选择拒绝别人的方法	1	2	3	4	5

注:根据选项及对应的分数计算得分,得分越高说明对拒绝技能的自评较好。

(四)国学中的文献

《资治通鉴·周纪二》记录了韩昭侯用申不害的故事,在他们之间的一段对话中,韩昭侯用一种聪明的方法拒绝了申不害的请求。

韩昭侯以申不害为相。申不害者,郑之贱臣也,学黄、老、刑名,以干昭侯。昭侯用为相,内修政教,外应诸侯,十五年,终申子之身,国治兵强。申子尝请仕其从兄,昭侯不许,申子有怨色。昭侯曰:"所为学于子者,欲以治国也。今将听子之谒而废子之术乎,已其行子之术而废子之请乎?子尝教寡人修功劳,视次第;今有所私求,我将奚听乎?"申子乃辟舍请罪曰:"君真其人也。"

【译文】

韩昭侯任用申不害为国相。申不害,原是郑国的小臣,后来学习黄帝、老子著作和法家刑名学问,向韩昭侯游说。韩昭侯便以他为国相,对内整顿政治,对外积极开展交往,这样进行了十五年,直到申不害去世,韩国一直国盛兵强。申不害曾经请求让他的堂兄做个官,韩昭侯不同意,申不害很不高兴。韩昭侯对他说:"我之所以向你请教,就是想治理好国家。现在我是批准你的私请来破坏你创设的法度呢,还是推行你的法度而拒绝你的私请呢?你曾经开导我要按功劳高低来封赏等级,现在你却有私人的请求,我该听哪种意见呢?"申不害便离开了自己正式居室,另居别处,向韩昭侯请罪说:"您真是贤明的君主!"

二十一、给予批评技能(Giving Criticism Skill)

(一)给予批评技能的基本描述

批评的主要目的是领导者表明自己的立场,鞭策下属,提升下属的水平,让下属接受自己的意见、建议。作为一个领导者,熟练掌握给予批评的技能对于及时纠正错误或者不良行为,保持组织的工作标准和绩效水平非常重要。给予批评的关键是要掌握好方式方法。不讲究方式方法或过度的批评在一定程度上会激发下属的逆反情绪,有的下属甚至会因此怨恨领导。讲究批评的艺术,让下属感受到领导者的关怀与重视,不仅能调动下属的工作激情,形成良好的工作氛围,还能提升领导者自身的魅力,树立领导者的权威。

(二)给予批评技能的训练养成

给予批评时应该注意以下事项:

(1)弄清事实。虽然可能已经掌握了事实,但是在给予批评之前最好对事实进行梳理和分析,全面掌握。

(2)积极的意图。说明自己的批评是基于事实和规则的,是对组织有益和对员工成长有利的。

(3)具体的,针对某个行为或者某一件事情进行批评。对事不对人,下属做错某件事,只能就这一件事批评,不要上升到批评下属个人能力、水平甚至人格上等。

(4)客观来说,按照统一的标准客观地指出错误的表现,这一点非常重要,因为标准掌握得不好,追随者可能会不服气,或者觉得领导者给自己"穿小鞋"。

(5)领导者要做到不仅指出下属的错误,还要与下属交流沟通,帮助其分析原因,和下属一起找到解决问题的方法。一个好的领导者给予下属批评后会赢得下属的尊重,最重要的是下属感到领导者的批评是对自己人生的期望和鼓励。

(6)掌握好时间和分寸。有的错误需要马上给予批评、及时纠正,有的批评在延后一段时间效果会更好。批评要拿捏好分寸,不可过于求全责备,也不可蜻蜓点水。过于严厉的领导者是有威严而没有亲和力的,对下属要求过于松懈的领导者的团队没有战斗力,不会做出优秀的业绩。

(三)给予批评技能的评估及度量

根据自己的实际感受和体会,在最符合的数字上画圈(见表8-24)。评价标准如下:MF——非常不符合,F——不符合,N——中立,T——符合,MT——非常符合。

表 8-24 给予批评技能度量表

序 号	行为表现	MF	F	N	T	MT
1	在对人批评之前我会认真和仔细思考如何开展批评	1	2	3	4	5
2	我在评判下属的过程中一般很少与下属有交流	5	4	3	2	1
3	大部分我批评过的下属都有较大改进和提升	1	2	3	4	5
4	我会针对不同的下属选择合适的批评方法	1	2	3	4	5

注:根据行为表现选项对应的分数计算得分,得分越高说明你对给予批评技能的评价越好。

(四)国学中的经典

《战国策》中记录了邹忌讽齐王纳谏的故事,故事讲述了战国时期齐国谋士邹忌劝说齐王纳谏。在劝说中,邹忌用嘲讽自己的口吻提出了建议,避免了对齐王的直接批评,收到了良好的效果。

邹忌修八尺有余,而形貌昳丽。朝服衣冠,窥镜,谓其妻曰:"我孰与城北徐公美?"其妻曰:"君美甚,徐公何能及君也?"城北徐公,齐国之美丽者也。忌不自信,而复问其妾曰:"吾孰与徐公美?"妾曰:"徐公何能及君也?"旦日,客从外来,与坐谈,问之客曰:"吾与徐公孰美?"客曰:"徐公不若君之美也。"明日徐公来,孰视之,自以为不如;窥镜而自视,又弗如远甚。暮寝而思之,曰:"吾妻之美我者,私我也;妾之美我者,畏我也;客之美我者,欲有求于我也。"

于是入朝见威王,曰:"臣诚知不如徐公美。臣之妻私臣,臣之妾畏臣,臣之客欲有求于臣,皆以美于徐公。今齐地方千里,百二十城,宫妇左右莫不私王,朝廷之臣莫不畏王,四境之内莫不有求于王,由此观之,王之蔽甚矣。"

王曰:"善。"乃下令:"群臣吏民能面刺寡人之过者,受上赏;上书谏寡人者,受中赏;能谤讥于市朝,闻寡人之耳者,受下赏。"令初下,群臣进谏,门庭若市;数月之后,时时而间进;期年之后,虽欲言,无可进者。燕、赵、韩、魏闻之,皆朝于齐。此所谓战胜于朝廷。

【译文】

邹忌身高八尺多,而且外形、容貌光艳美丽。早晨穿戴好衣帽,照着镜子,他对妻子说:"我和城北徐公相比,谁更美?"他的妻子说:"您非常美,徐公怎么能比得上您?"城北的徐公是齐国的美男子。邹忌不相信自己比徐公美,于是又问他的妾:"我和徐公相比,谁更美?"妾回答说:"徐公哪能比得上您?"第二天,有客人来拜访,邹忌与他相坐而谈,问客人:"我和徐公比,谁更美?"客人说:"徐公不如您美丽。"又过了一天,徐公来了,邹忌仔细地看着他,自己认为不如徐公美;再照镜子看着自己,更是觉得自己与徐公相差甚远。晚上他躺在床上休息时想这件事,说:"我的妻子认为我美,是偏爱我;我的妾认为我美,是害怕我;我的客人认为我美,是有求于我。"

于是邹忌上朝拜见齐威王,说:"我知道自己确实没有徐公美。可是我的妻子偏爱我,我的妾害怕我,我的客人有事想要求助于我,所以他们都认为我比徐公美。如今齐国有方圆千里的疆土,一百二十座城池。宫中的姬妾及身边的近臣,没有一个不偏爱大王的,朝中的大臣没有一个不惧怕大王的,全国的百姓没有不对大王有所求的。由此看来,大王您受到的蒙蔽太严重了!"

齐威王说:"你说的很好!"于是就下了命令:"大小的官吏,大臣和百姓们,能够当面批评我的过错的人,给予上等奖赏;上书直言规劝我的人,给予中等奖赏;能够在众人集聚的公共场所指责议论我的过失,并传到我耳朵里的人,给予下等奖赏。"命令刚下达,许多大臣都来进献谏言,宫门和庭院像集市一样喧闹;几个月以后,还不时地有人偶尔进谏;满一年以后,即使有人想进谏,也没有什么可说的了。燕、赵、韩、魏等国听说了这件事,都到齐国朝拜齐威王。这就是所说的在朝廷之中不战自胜。

二十二、与难相处员工打交道技能(Dealing with Difficult Employees Skill)

(一)与难相处员工打交道技能的基本描述

要率领一个组织开展工作,就必须和全体人员搞好关系、和谐相处。但是,组织中不可避免地存在一些难以相处的员工,这些员工的行为可能没有到解聘或者开除的程度,但是他们的行为或者做法会给其他员工带来负面影响,给组织注入负能量。如何与那些难以相处的人相处?这是一个令许多领导者都感到头痛的问题。

难以打交道的员工一般有下列性格特征或者行为表现:抱怨、缺乏热情、没有责任感、不提问、没有进步、不认真、不帮助他人、不合群、不主动、喜欢找借口、说谎等等。

(二)与难相处员工打交道技能的训练养成

对于难以相处的员工,领导者要进行个案分析,有的员工属于性格原因,他们的表现尚可,能够履行自己的职责,但是不擅于交际、不爱和人交流,这时候领导者一方面要做到尊重员工的选择,另一方面在合适的时候给予关心和支持,听取他们的意见和建议;有的员工属于工作没有热情、进取心不够、工作生活差不多就行,这时候领导者要采用激励的办法,鼓励员工发挥积极性为组织做贡献;有的员工属于品德方面的原因,这些员工的行为和言语给其他员工带来伤害或者给组织带来负面影响,这时候领导者应在公开场合明确告诉大家组织的期望和价值观,降低这些员工言语和行动带来的负面影响。

要想彻底改变这些员工,领导者要多与他们进行交流,找出他们语言和行为产生的原因,通过耐心的思想工作来帮助员工改善,并及时对改善情况进行评估。如果员工不改变或者改变效果不明显,领导者应及时采取适当的措施彻底解决。

(三)与难相处员工打交道技能的评估及度量

根据自己的实际感受和体会,在最符合的数字上画圈(表8-25)。评价标准如下:MF——非常不符合,F——不符合,N——中立,T——符合,MT——非常符合。

表8-25 与难相处员工打交道技能度量表

序号	行为表现	MF	F	N	T	MT
1	当看到难相处员工时,我一般会绕道走	5	4	3	2	1
2	对于单位内难以相处的员工,我一般不太关注或者置之不理	5	4	3	2	1
3	大部分情况下,我不会找单位内难以相处的员工聊天或者谈心	5	4	3	2	1
4	当难相处员工找我时,我清楚知道他\她的想法	1	2	3	4	5
5	当员工的言行损害组织的核心利益时,我会非常果断采取措施	1	2	3	4	5

注:根据行为表现选项对应的分数计算得分,得分越高说明你对自己与难相处员工打交道技能的自评越好。

(四)国学中的经典

❖ 请君入瓮

周兴与邱神勣通谋,太后命来俊臣鞠之。俊臣与兴方推事对食,谓兴曰:"囚多不承,当为何法?"兴曰:"此甚易耳!取大瓮,以炭四周炙之,令囚入中,何事不承?"俊臣乃索大瓮,火围如兴法,因起谓兴曰:"有内状推兄,请兄入此瓮!"兴惶恐,叩头伏罪。

【译文】

有人告密说文昌右丞周兴和邱神勣串通谋反,太后(武则天)便命令来俊臣审这个案子。来俊臣请周兴到家里做客,他们一边议论案子,一边相对饮酒。来俊臣对周兴说:"有些囚犯再三审问都不肯承认(罪行),有什么办法让他们招供呢?"周兴说:"这很容易!拿一个瓮用炭火在周围烧,然后让囚犯进入瓮里,什么罪他敢不认?"来俊臣就找来一个瓮,按照周兴的办法用炭火在周围烧着,于是来俊臣站起来对周兴说:"有人告你谋反,请老兄自己钻进这个瓮里去吧!"周兴非常惊慌,当即磕头承认罪行。

二十三、处理投诉技能(Dealing with Complaints Skill)

(一)处理投诉技能的基本描述

领导者经常收到服务对象或者员工的抱怨或者投诉,对于这些抱怨或者投诉,领导者一定要高度重视、客观分析,如果处理好了,对组织绩效提升会有好处,处理不好可能会引起冲突或者造成负面影响。这里,要特别强调的是,领导者要以积极的态度看待抱怨和投诉,因为有的抱怨和投诉也是改善组织绩效、促进组织变革的重要机会。

(二)处理投诉技能的训练养成

服务对象或者员工一般通过三种渠道表达抱怨:一是公开展示自己的抱怨,通过公开渠道向领导者表达自己的不满和情绪;二是私底下传递抱怨信息,向他人传递这种情绪并争取他人的同情或者加入;三是有的员工有很多想法,这种想法在员工看来是非常聪明和正确的,但是领导者却没有给予采纳或者给出回应和解释,导致其产生抱怨。

处理投诉要掌握以下技巧:一是保持积极态度,不要戴着有色眼镜看待员工或者服务对象的抱怨或者投诉,要认识到通过抱怨和投诉是了解组织存在问题和提升组织绩效的有效手段;二是要快速响应,这在一定程度上代表着态度,在某些情况下,当你快速响应时会把抱怨的影响缩小到最小范围;三是提供个性化服务,对于投诉或者抱怨事项中能够马上解决的尽量及时解决,对于需要研究解决的事项做好解释;四是不要责怪别人,做到换位思考,理性平和地交流、了解和解决问题。

处理投诉的最终目的是找出组织中存在的问题,建立良好的工作机制,提高工作满意度,最终促进组织绩效提升。

(三)处理投诉技能的评估及度量

假如你是一个组织的领导者,根据自己的实际感受和体会,在最符合的数字上画圈(见表 8-26)。评价标准如下:MF——非常不符合,F——不符合,N——中立,T——符合,MT——非常符合。

表 8-26 处理投诉技能度量表

序号	行为表现	MF	F	N	T	MT
1	我能第一时间掌握员工或者服务对象的投诉内容和诉求	1	2	3	4	5
2	对于投诉或者抱怨,我会第一时间采取行动	1	2	3	4	5
3	我对于投诉和抱怨并不反感	1	2	3	4	5
4	我认为投诉和抱怨是改进组织工作的机会	1	2	3	4	5
5	我会主动向员工或者服务对象反馈投诉处理情况	1	2	3	4	5
6	对于违反法律法规的诉求我会清楚说"不"	1	2	3	4	5

注:根据选项和对应的分数计算得分。得分越高说明自己对处理投诉技能的评价越好。

(四)国学中的经典

《贞观政要》中有一段唐太宗和许敬宗的对话,许敬宗谈了对待他人非议的看法,非常值得大家借鉴。

唐太宗问许敬宗曰:"朕观群臣之中唯卿最贤,人有议卿非者,何哉?"敬宗对曰:"春雨如膏,农夫喜其润泽,行人恶其泥泞;秋月如镜,佳人喜其玩赏,盗贼恶其光辉,天地之大尤憾而况臣乎?臣无肥羊美酒以调和众口是非,且是非不可听,听之不可说。君听臣受戮,父听子遭诛,夫妇听之离,朋友听之绝,亲戚听之疏,乡邻听之别。人生七尺躯,谨防三寸舌,舌上有龙泉,杀人不见血。谁人面前不说人?谁人背后无人说?"太宗曰:"卿言甚善,朕当识之!"

【译文】

唐太宗问许敬宗:"我看满朝的文武百官中,你是最贤能的一个,但还是有人不断地在我面前谈论你的过失,这是为什么呢?"许敬宗回答道:"春雨贵如油,农夫因为它滋润了庄稼而喜爱它,可行路的人却因为春雨使道路泥泞难行而嫌恶它;秋天的月亮像一轮明镜辉映四方,才子佳人欣喜地对月欣赏,吟诗作赋,但是盗贼却讨厌它,怕照出了他们丑恶的行径。无所不能的上天尚且不能令每个人满意,何况我一个普通人呢?我没有好吃好喝的东西去堵人家的嘴,不让人家议论我。况且,是非之言本不可听信,听到之后,也不可传播。君王盲目听信谗言,臣子可能要遭受杀戮;父亲盲目听信谗言,儿子可能要遭受诛杀;夫妻听信谗言,可能会离弃;朋友听信谗言,可能会断交;亲人听信谗言,可能会疏远;乡邻听信谗言,可能会生分。那些惯于颠倒黑白、造谣中伤、诬陷好人、美化自己的花言巧语者,他们的三寸不烂之舌,就像杀人不见血的龙泉剑,不可不防啊!谁的背后都会有人说,谁也都会在背后说别人。"唐太宗听完直说:"你讲得很好,我会记住的!"

二十四、养成良好礼仪习惯(Practicing Good Manners)

(一)养成良好礼仪习惯的基本描述

养成良好的礼仪习惯对于一个领导者非常重要,良好的礼仪习惯对于营造良好组织氛围、增加个人吸引力和影响力、促进团结合作等方面都有好处。

(二)良好礼仪习惯的训练养成

良好礼仪习惯的养成最重要的是要对自己要求严格,善待他人、尊重他人,"己所不欲,勿施于人"。同时要从小事做起,比如要尊重他人,开会要早到,不要打断别人说话,一定要说"请"和"谢谢",等等。

(三)良好礼仪习惯的评估及度量

可以多找几个熟悉你的人,请他们对你的行为习惯进行评价,在对应的数字上画圈(见表 8-27)。评价标准如下:MF——非常不符合,F——不符合,N——中立,T——符合,MT——非常符合。

表 8-27 良好礼仪习惯度量表

序号	行为习惯	MF	F	N	T	MT
1	你的言行让人感觉非常舒服	1	2	3	4	5
2	和你在一起做事时感觉比较放松	1	2	3	4	5
3	和你交流后会留下非常深刻的印象	1	2	3	4	5
4	有时我并不认可你的观点,但是你的观点能引起我的反思	1	2	3	4	5
5	发现错误后你能及时更正你的言行	1	2	3	4	5

注:根据选项对应的分数计算得分。得分越高说明他们对你的礼仪习惯有较高评价。

(四)国学中的经典

孔子的弟子及再传弟子所做的《论语十则》对养成良好的言行习惯做了描述。

子曰:"学而时习之,不亦说乎?有朋自远方来,不亦乐乎?人不知而不愠,不亦君子乎?"

曾子曰:"吾日三省吾身:为人谋而不忠乎?与朋友交而不信乎?传不习乎?"

子曰:"温故而知新,可以为师矣。"

子曰:"学而不思则罔,思而不学则殆。"

子曰:"由,诲女知之乎!知之为知之,不知为不知,是知也。"

子曰:"见贤思齐焉,见不贤而内自省也。"

子曰:"三人行,必有我师焉。择其善者而从之,其不善者而改之。"

曾子曰:"士不可以不弘毅,任重而道远。仁以为己任,不亦重乎?死而后已,不亦远乎?"

子曰:"岁寒,然后知松柏之后凋也。"

子贡问曰:"有一言而可以终身行之者乎?"子曰:"其恕乎!己所不欲,勿施于人。"

【译文】

孔子说:"学了(知识)然后按一定的时间复习它,不也是很愉快吗?有志同道合的人从远方来,不也是很快乐吗?人家不了解(我),(我)也不生气,不也是有修养的人吗?"

曾子说:"我每天多次反省自己:替别人办事是不是尽心竭力了?同朋友交往是不是诚实守信了?老师传授的知识是不是复习了?"

孔子说:"温习学过的知识,可以从中获得新的理解与体会,那么就可以凭借这一点去做老师了。"

孔子说:"只是学习却不思考就会感到迷茫而无所适从,只是空想不学习就会心中充满疑惑而无定见。"

孔子说:"仲由啊,让为师教导你对待知与不知的态度吧!知道就是知道,不知道就是不知道,这才是聪明的。"

孔子说:"看见有才能的人(德才兼备的人)就向他学习,希望能向他看齐;看见不贤的人,就反省自己有没有和他一样的缺点。"

孔子说:"几个人在一起行走,其中必定有可作为我的老师的人,要选择他们的长处来学习,如果看到他们的缺点,要反省自己有没有像他们一样的缺点,若有,要加以改正。"

曾子说:"有抱负的人不可以不胸怀宽广、意志坚定,因为他肩负着重大的使命(或责任),路途又很遥远。把实现'仁'的理想看作自己的使命,不也很重大吗?直到死才停止,这不也是很遥远吗?"

孔子说:"直到每年中最寒冷的季节,才知道松柏是最后落叶的。"

子贡问道:"有没有可以终身奉行的一个字呢?"孔子说:"那大概就是'恕'字吧!自己不喜欢的事物,不要强行加于别人身上。"

二十五、杜绝不良行为(Nixing Bad Behaviors)

(一)杜绝不良行为的基本描述

在领导岗位上时,领导者的行为,特别是不良行为会受到大家高度的关注,有时候还会被放大。领导者在领导一个组织时,首先就要杜绝不良行为,避免因为一些不良行为最终给组织带来不好的影响。

(二)杜绝不良行为的训练养成

要杜绝不良行为首先要判断哪些是不良行为,可以通过征求下属意见的方法对自己的行为进行评估,列出自己的不良行为清单;其次要下决心予以纠正,有的行为可能已经成为习惯不易纠正,这就要求领导者有比较大的决心和恒心;三是要坚守底线原则,对于违纪违法和违反单位规定的行为,要坚决予以及时纠正,避免引来大祸或者对组织造成重大伤害。

(三)不良行为的评估及度量

马歇尔·戈德史密斯是美国管理大师,著有《高效能人士的七个习惯》《没有屡试不爽的方法:成功人士如何获得更大的成功》等著作。他对如何做一个优秀的领导者也很有研究,并指出领导者必须远离以下不良行为(见表8-28)。

表 8-28 领导者必须远离的不良行为

序 号	不良行为表现
1	不计一切代价去赢，不论这种赢是否值得
2	与他人讨论时总想添加过多价值
3	喜欢把自己的标准强加给他人
4	做没有建设性的评论
5	过分使用"不""但是"这类否定性词语
6	告诉所有的人，自己是多么聪明
7	把生气情绪当作管理工具
8	喜欢分享消极的观点
9	拒绝分享自己赖以保持优势的信息
10	高估自己所做的贡献
11	为自己的过错寻找借口
12	把自己的不良行为归咎于过去的人和事
13	不能察觉自己不公正地对待他人
14	拒绝承认自己的错误
15	无法适当地表扬和认可他人
16	拒绝倾听他人的意见和建议
17	不会对他人表示感谢
18	攻击和惩罚试图帮助自己的人
19	有问题时喜欢责骂他人，不自我检讨
20	把自己的不良行为说成优点

(四)国学中的经典

《习惯说》由清代古文家刘蓉所作。这篇文章告诉人们：一个人是很容易适应外物的，适应了外物，也就由不习惯变为习惯。而习惯养成之后，对外物是否合理、外物的是非优劣，往往也就不加详察，不予追究了。

蓉少时，读书养晦堂之西偏一室，俯而读，仰而思，思有弗得，辄起绕室以旋。

室有洼,径尺,浸淫日广。每履之,足苦踬焉。既久而遂安之。

一日,父来室中,顾而笑曰:"一室之不治,何以天下家国为?"命童子取土平之。后蓉复履,蹴然以惊,如土忽隆起者。俯视,地坦然,则既平矣。已而复然。又久而后安之。

噫!习之中人甚矣哉!足之履平地,而不与洼适也,及其久,则洼者若平,至使久而即乎其故,则反窒焉而不宁。故君子之学,贵乎慎始。

【译文】

刘蓉年少时在养晦堂西侧一间屋子里读书。他专心致志,遇到不懂的地方就低头苦读,仰头思索,想不出答案时,就在屋内踱来踱去。这间屋子有处洼坑,直径一尺,逐渐越来越大。每经过它,刘蓉总要被绊一下。起初,他感到很别扭,时间一长也习惯了,再走那里就同走平地一样安稳。

一天,刘蓉父亲来到这个房间,发现这屋地面的洼坑,笑着对刘蓉说:"你连一间屋子都不能打理好,还能治理国家吗?"随后叫仆童将洼坑填平。父亲走后,刘蓉读书思索问题又在屋里踱起步来,走到原来洼坑处,感觉地面突然凸起一块,他心里一惊,低头看,地面却是平平整整,他别扭地走了许多天才渐渐习惯起来。

唉!习惯对人的影响,是非常厉害啊!脚踏在平地上,便不能适应坑洼;时间久了,洼地就仿佛平了,以至把长久以来的坑填平,恢复成原来的状态,却认为是阻碍而不能适应。因此君子求学,贵在慎重地对待开始阶段的习惯养成。

本章列出的 25 个领导技能只是众多领导技能中的一小部分,大家可以结合学习、生活和实践的需求,查阅并学习更多的领导技能。需要说明的是,领导技能的训练养成需要得到实践的检验,希望大家在学习好课程的同时,多参与社会实践,在实践中不断提升自己的领导能力。

参 考 文 献

[1] 习近平.在"不忘初心、牢记使命"主题教育总结大会上的讲话[M].北京:人民出版社,2020.

[2] 中共中央党史和文献研究院.习近平关于防范风险挑战、应对突发事件论述摘编[M].北京:中央文献出版社,2020.

[3] 中国共产党第十九届中央委员会第五次全体会议文件汇编[M].北京:人民出版社,2020.

[4] 习近平谈治国理政:第 3 卷[M].北京:外文出版社,2020.

[5] 习近平.论坚持党对一切工作的领导[M].北京:中央文献出版社,2019.

[6] 习近平关于"不忘初心、牢记使命"重要论述选编[M].北京:党建读物出版社,2019.

[7] 十九大以来重要文献选编:上[M].北京:中央文献出版社,2019.

[8] 中共中央宣传部.习近平论党的宣传思想工作[M].北京:人民出版社,2019.

[9] 习近平.论坚持全面深化改革[M].北京:中央文献出版社,2018.

[10] 习近平.在纪念刘少奇同志诞辰 120 周年座谈会上的讲话[M].北京:人民出版社,2018.

[11] 习近平.决胜全面建成小康社会 夺取新时代中国特色社会主义伟大胜利:在中国共产党第十九次全国代表大会上的报告[M].北京:人民出版社,2017.

[12] 习近平谈治国理政:第 2 卷[M].北京:外文出版社,2017.

[13] 习近平关于社会主义文化建设论述摘编[M].北京:人民出版社,2017.

[14] 习近平总书记重要讲话文章选编[M].北京:中央文献出版,2016.

[15] 习近平关于科技创新论述摘编[M].北京:中央文献出版社,2016.

[16] 习近平关于党风廉政建设和反腐败斗争论述摘编[M].北京:中国方正出版社,2015.

[17] 十八大以来重要文献选编:上[M].北京:中央文献出版社,2014.

[18] 习近平关于实现中华民族伟大复兴的中国梦论述摘编[M].北京:中央文献出版社,2013.

[19] 十六大以来重要文献选编:上[M].北京:中央文献出版社,2011.

[20] 习近平.之江新语[M].杭州:浙江人民出版社,2007.

[21] 习近平.干在实处 走在前列[M].北京:中共中央党校出版社,2006.

[22] 习近平.摆脱贫困[M].福州:福建人民出版社,1992.

[23] 洪向华.领导干部治理能力十讲[M].北京:人民出版社,2020.

[24] 吴小云.大学生领导力研究与开发[M].北京:中国经济出版社,2018.

[25] 胡礼祥.大学生领导力拓展与训练[M].杭州:浙江大学出版社,2011.

[26] 胡礼祥.大学生创业导论[M].杭州:浙江大学出版社,2011.

[27] 郭台鸿.高效沟通24法则[M].北京:清华大学出版社,2009.

[28] 林伟贤.决策力[M].北京:北京大学出版社,2006.

[29] 李超平,王桢,王凯贤.管理研究量表手册[M].北京:中国人民大学出版社,2016.

[30] 丁栋虹.领导力[M].2版.上海:复旦大学出版社,2016.

[31] 科特.领导力要素[M].北京:中信出版集团,2019.

[32] 基欧汉.思考领导力[M].北京:中央编译出版社,2019.

[33] 库泽斯,波斯纳.领导力:如何在组织中成就卓越[M].6版.北京:电子工业出版社,2018.

[34] 格林特.领导力[M].南京:译林出版社,2018.

[35] 马克斯维尔.中层领导力[M].北京:文汇出版社,2017.

[36] 杜布林.领导力[M].7版.北京:中国人民大学出版社,2017.

[37] 施普伦格.领导力的五项修炼[M].北京:北京时代华文书局,2016.

[38] 本尼斯,纳努斯.领导者[M].杭州:浙江人民出版社,2016.

[39] 本尼斯.成为领导者[M].杭州:浙江人民出版社,2016.

[40] 戴,安东纳基斯.领导力的本质[M].北京:北京大学出版社,2015.

[41] 斯努克,诺瑞亚,库拉纳.领导力教学手册:知识、技能和品格[M].北京:北京大学出版社,2015.

[42] 诺斯豪斯.领导学:理论与实践[M].6版.北京:中国人民大学出版社,2014.

[43] 诺斯豪斯.领导术:卓越领导者14项修炼[M].北京:中国人民大学出版社,2014.

[44] 考米维斯,卢卡斯,麦克玛洪.大学生领导力[M].北京:中国人民大学出

版社,2014.

[45] 伯恩斯.领导学[M].北京:中国人民大学出版社,2013.

[46] 培根.权力的要素:领导力和影响力的经验教训[M].北京:机械工业出版社,2013.

[47] 麦克斯韦尔.领导力21法则[M].北京:中国青年出版社,2010.

[48] 罗宾斯.组织行为学[M].北京:中国人民大学出版社,2005.

[49] 西奥迪尼.影响力[M].北京:金城出版社,2013.

[50] 德鲁克.21世纪的管理挑战[M].北京:机械工业出版社,1999.

[51] 科特.变革的力量:领导与管理的差异[M].北京:华夏出版社,1998.

[52] 崔文霞.中美大学生领导力培养比较研究[D].上海:华东师范大学,2017.

[53] 陶思亮.中国大学生领导力发展与教育模型研究[D].上海:华东师范大学,2014.

[54] 房欲飞.美国高校大学生领导教育研究[D].上海:华东师范大学,2008.

[55] 房欲飞.大学生领导力教育:美国的经验与启示[J].世界教育信息,2018,31(6):41-46.

[56] 叶传盛.高校领导力教育推广困境分析与对策的研究[J].知识经济,2016(5):164,166.

[57] 房欲飞.美国大学生领导力教育兴起的背景、现状及成效[J].世界教育信息,2012(增刊1):53-57.

[58] 杨瑞东,倪士光.美国高校大学生领导力教育的调研与借鉴[J].思想教育研究,2015(1):98-102.

[59] 胡玉姣,熊琼.美国高校学生领导力教育及其启示[J].高教探索,2016(10):71-75.

[60] 刘慧.大学生领导力教育的困境与理路[J].学校党建与思想教育,2015(13):86-88.

[61] 孙杰.大学生领导力教育的现状及提升研究[J].当代教育实践与教学研究,2015(9X):116.

[62] 李秀娟.大学生领导力教育之研究存在的问题与解决路径[J].全球教育展望,2015(7):69-76.

[63] 曹海洋,陈文.当前大学生领导力教育的瓶颈和对策探究[J].内蒙古师

范大学学报,2014(5):12-14.

[64] 孙杰,宋丽娜.国内大学生领导力教育的理论与实践探索[J].教育教学论坛,2018(38):3-4.

[65] 刘峰.中国领导力的构建与提升[J].中国领导科学,2018(1):21-25.

[66] 曹仰锋,李平.中国领导力本土化发展研究:现状分析与建议[J].管理学报,2010(11):1704-1709.

[67] 柏学翥,姜海山.中西领导力比较与文化探源[J].中国浦东干部学院学报,2009(4):64-69.

[68] RICKETTS J C, RUDD R D. A Comprehensive Leadership Education Model to Train, Teach, and Develop Leadership in Youth [J]. Journal of Career and Technical Education,2003,19(1):8.

后记

近五年来,在完成好自己本职工作的同时,结合自己对领导力实践的经验,在教与学的过程中不断坚定开展领导力研究的信心,决心将自己的教学经历与收获撰写成书,为进一步研究奠定基础。

如序言所述,"最初对领导力的关注来源于对工作的思考",带着这个思考,立足于高校,求教于学生,求教于课堂。

在本科生"大学生领导力教育与提升"课程教学中,我感觉本科生表现出了较大的兴趣,他们在课程学习前后的个人行为也有所改变,他们更加积极,主动与他人交流,开始深入思考自己的人生规划。为鼓励大学生走出课堂,在实践中加深对自身领导力的认识,采取了如下的学习方式:由学生自主组队、自选主题,邀请校内外的教授、专家和管理人员组成评审小组,对每个团队的选题进行评议并提出可行性建议;每个实践团队均配备两名指导教师,指导教师与学生共同开展社会调研工作,形成团队调研报告7份。

在针对工程博士生开设的"领导力教育与开发"课程教学中,面对的学生已在不同行业就职,有院所负责人、部门负责人、项目负责人,还有投身一线工作的科研工作者,等等。通过课前调查,我了解到他们对领导力的理解与自身领导力的客观评价。在课程结束后,我又向学生收集了关于课程的建议和意见,发现大家对课程都有一定的感悟,比如"课程准备充分、认真,授课幽默,案例丰富,尤其是管理学(西方)和中国传统文化中的管理哲学对比解读对我的启发很大","通过课程的学习,我认识到管理这种很抽象的概念,通过各种技术分析、概念细化,实现抽象概念的具象化和数据化","课程让我受益匪浅,深感自身对国学中蕴含的领导思想认识不足"。

批阅课程作业期间,我就注意到,很多具有一定工作经验的学生对开展领导力教育表现出极大的兴趣,比如有人讲到"企业领导力的开发,要制订系统的开发战略与规划,要基于企业个性化领导

大学生领导力教育与实践

力的需求,对管理者进行系统的诊断性评价,对于领导力的提升与改善,组织要具备良好的制度环境",有人提出"领导力的教育与开发,要充分释放技术人员的潜能,推动个人和单位共同发展;要全心全意地依靠职工群众,在群众路线中凝聚力量"。也有人认为"领导力教育还存在诸多不足,如领导力知识薄弱、管理经验及领导能力欠缺,对中高层管理人员的领导力培养力度不够,在选拔和考核中对领导力的要求不高,中高层管理人员往往只注重业绩的提升,而忽视自身领导力的提升",等等。大家提出的问题、观点和认识,一方面促进了我对教学的反思,另一方面更加让我坚定了编写本书的初衷。

  党的十八大以来,围绕传承和弘扬中华优秀传统文化,习近平总书记发表了一系列重要论述,特别强调"要讲清楚每个国家和民族的历史传统、文化积淀、基本国情不同,其发展道路必然有着自己的特色;讲清楚中华文化积淀着中华民族最深沉的精神追求,是中华民族生生不息、发展壮大的丰厚滋养;讲清楚中华优秀传统文化是中华民族的突出优势,是我们最深厚的文化软实力;讲清楚中国特色社会主义植根于中华文化沃土、反映中国人民意愿、适应中国和时代发展进步要求,有着深厚历史渊源和广泛现实基础","要坚持古为今用、以古鉴今,坚持有鉴别的对待、有扬弃的继承","努力实现传统文化的创造性转化、创新性发展,使之与现实文化相融相通,共同服务以文化人的时代任务"。我更为深刻地感受到,作为高校的管理者,我们有责任在领导力教育工作中,讲好中国故事,弘扬中国精神。下一步,我们将继续立足中国实际,加大对中国高校学生领导力模型研究,力争通过课程教育引导学生更加坚定"四个自信"。

  本书是我们教学团队在完成两届本科生、两届工程博士生授课的基础上形成的,由杨晓任主编,负责审阅全书;杨晓燕负责编写第七章和第八章部分内容,张瑞杰负责编写第二和第三章,白洁负责编写第四至六章,王庆和余鹏负责编写第一章和第八章部分内容,付怡负责编写第八章部分内容。

  在开展领导力研究与教学的过程中,我们多次得到学校领导的鼓励、研究生院的大力支持;在撰写本书过程中,衷心感谢赵嵩正教授、郭鹏教授、秦燕教授等给予的专业指导,以及教学团队各位老师的辛勤付出;参考和借鉴了国内外诸多学者的研究成果,在此表示感谢。

  虽已尽力完善,但书中难免存在不足,敬请广大专家学者批评指正。

杨晓

2020年10月